极简中国道家史

张远山 —— 著
王业云 汇编

天地出版社 | TIANDI PRESS

图书在版编目（CIP）数据

老庄风流：极简中国道家史 / 张远山著；王业云汇编. -- 成都：天地出版社，2025.7. -- ISBN 978-7-5455-8255-0

Ⅰ.B223

中国国家版本馆 CIP 数据核字第 2025M4Y077 号

LAOZHUANG FENGLIU: JIJIAN ZHONGGUO DAOJIA SHI

老庄风流：极简中国道家史

出 品 人	陈小雨　杨　政
作　　者	张远山著　王业云汇编
责任编辑	孙　裕
责任校对	张月静
封面设计	桃　子
责任印制	王学锋

出版发行	天地出版社 （成都市锦江区三色路238号　邮政编码：610023） （北京市方庄芳群园3区3号　邮政编码：100078）
网　　址	http://www.tiandiph.com
电子邮箱	tianditg@163.com
经　　销	新华文轩出版传媒股份有限公司

印　　刷	北京文昌阁彩色印刷有限责任公司
版　　次	2025年7月第1版
印　　次	2025年7月第1次印刷
开　　本	710mm×1000mm 1/32
印　　张	6.75
字　　数	135千字
定　　价	48.00元
书　　号	ISBN 978-7-5455-8255-0

版权所有◆违者必究

咨询电话：(028) 86361282（总编室）
购书热线：(010) 67693207（营销中心）

如有印装错误，请与本社联系调换

目 录

编者序　探究老庄真相，揭晓道家谱系 //I

第一章　老子其人与《老子》其书

弁言　老子一生的三大时期 //003
一　母邦陈国，不是楚国 //004
二　伏羲古都，太昊之墟 //007
三　师事常枞，得闻舌教 //008
四　史官职责，左图右史 //010
五　孔子至周，问礼老子 //015
六　王子争位，老子辞官 //024
七　居宋初期，《老子》成书 //026
八　居宋期间，弟子众多 //030
九　孔子游宋，问道老子 //035

十　孔子返鲁，追忆老聃 //041

十一　老子暮年，楚国灭陈 //045

十二　陈亡出关，留书关尹 //048

十三　老子死秦，秦佚吊之 //050

结语　老子之道与伏羲之道 //053

附录一　老子生平年表 //057

附录二　《老子》大事年表 //067

第二章　庄子其人与《庄子》其书

弁言　战国纪年，错讹无穷 //075

一　庄子宋人，宋王暴君 //077

二　宋君称王，战国第三 //079

三　中山称王，灭于赵国 //082

四　宋国称王，灭于齐国 //084

五　诸侯称王，秦王称帝 //086

六　宋王篡位，庄子弃职 //088

七　寓言讽世，痛诋专制 //090

八　终身不仕，以快吾志 //093

九　晚年挚友，大知惠施 //095

十　隐攻公孙，暗讽孟轲 //099

十一　公子魏牟，失国改宗 //101

十二　庄子著书，支离其言 //104

十三　朝三暮四，晦藏其旨 //107

结语　至言不出，俗言胜也 //111

附录三　庄学分段年表 //113

第三章　《庄子》初始本编纂者魏牟小传

弁言　权威谬见，误导后世 //125

一　中山王子，崇信公孙 //126

二　亡国之后，改宗庄学 //131

三　西会秦相，东晤赵相 //133

四　重逢公孙，极赞庄子 //135

五　再次过赵，讽喻赵王 //137

结语　弘扬庄学，天下一人 //139

附录四　中山公子魏牟宗族关系表 //142

第四章　庄子学派与反庄派两千年博弈史

弁言　《庄子》是庄子学派总集 //147

一　战国庄子学派：庄周、蔺且、魏牟 //148

二　战国反庄派：荀况、韩非 //153

三　西汉庄子学派：枚乘、刘安、司马迁 //156

四　东汉反庄派：扬雄、班固 //163

五　魏晋庄子学派：嵇康、阮籍和竹林七贤 //167

六　西晋反庄派：旧庄学第一权威郭象 //170

七　东晋庄学传人：宗庄派第一隐士陶渊明 //175

八　六朝宗庄盛况：《世说》名士和《文选》群英 //178

九　唐代以儒解庄派：郭象两大护法成玄英、陆德明 //182

十　　唐代庄学传人：宗庄派第一狂士李白 //185

十一　宋代庄学传人：宗庄派第一全才苏轼 //188

十二　第一才子公案：庄子是天下第一才子 //194

十三　宗庄宗骚公案：庄子是万世不易文宗 //200

结语　庄子学派主宰两千余年中国文学艺术 //203

编者序
探究老庄真相，揭晓道家谱系

老子、庄子是道家两大代表人物，《老子》《庄子》是道家两大核心经典。关于老子其人其书和庄子其人其书，历来多有争议，诸多史实细节至今聚讼纷纭，如：老子故乡是楚地还是太昊之墟陈国，庄子母邦是楚还是宋，老庄道家是蛮夷之学还是中原之学；孔子向老子问过礼吗，问过几次；孔子读过《老子》吗，孔子之前有人读过《老子》吗；等等。还有不少积非成是的传统谬见长期无人质疑、求证，如：老子思想源于《周易》吗，《老子》是老子出关时即兴写出的吗；《庄子》只是庄子个人著作吗，《寓言》是庄子自撰序言吗，《天下》是庄子自撰跋语吗，《秋水》是庄子自撰的最佳篇什吗，极赞庄子的《秋水》《天下》是庄子在自赞自夸吗；等等。至于老庄有哪些弟子和再传弟子，专研老庄的多数学者都略而不论。

远山先生于 2005 年发愿，要以二十年工夫完成治庄治老工程。远山先生从存在争议之处起步，采取地毯式深研模式，对任何细节都不轻忽，既取前贤之长，更补前贤之缺，力图澄清可以澄清的一切疑难问题，既解决了众多有争议的学术公案，又从海量历史文献中淘沙得金，发现了不少被世人忽略的重大历史真相，如：老子辞官后曾客居宋国沛邑长达三十八年，曾有众多弟子；老子思想源于伏羲象数易而非《周易》卜筮易，《老子》于春秋晚期即已成书，至老子出关遇到关尹时，《老子》已成书三十余年；庄子与暴君宋康王毕生共始终，是他把《庄子》写得如此难懂的重大原因之一，也是他反对君主专制、终身不仕的重大原因之一；史籍无载的蔺且可能是庄子唯一亲传弟子，汉赋鼻祖枚乘可能是庄子的嫡系传人，司马迁父子是隐秘的道家传人；中山王子魏牟编纂了战国《庄子》初始本，淮南王刘安编纂了西汉《庄子》大全本；等等。

至2023年《老子奥义》及《老子初始本演义》完稿，艰巨的老庄工程已提前告竣，初步完成了以老庄其人其书为核心的道家重大史实考证，兼及历代学者从未涉及的蔺且、魏牟、枚乘、刘安等重要庄学传人考证，以及其他庄子学派传人、老子学派传人等众多道家人物考证，还对庄后至唐宋的庄子学派与反庄派两大阵营作了细致梳理。至此，一个传承有序的道家谱系已经相当完备：老聃—关尹—列子—杨朱—子华子（以上为老子学派）——庄子（庄学承于老学，庄子开创了庄子学派）—蔺且—魏牟—枚乘及其师友—刘安及其门客—竹林七贤—陶渊明—李白—苏轼……

只可惜，相关考证文章分散在多部著作中，学者和公众或不知有这些文章存在，或知其存在而不知其相互之间的密切联系，使得如此完备的一个道家谱系不为世人所知。为了消除这一遗憾，经远山先生同意，我将这些文章搜罗起来，汇编成册，并请远山先生赐以书名，于是有了这本《老庄风流：极简中国道家史》。

祈愿此书对老庄研究有所裨益，相信此书是读者了解中国道家学派的便捷门径。

王业云

2024 年 7 月 9 日

第一章

老子其人与《老子》其书

弁言　老子一生的三大时期

道家祖师老子，其人其书扑朔迷离，疑案重重，主要原因有二。

第一原因，西汉初期汉文帝、汉景帝把《老子》其书尊为第一政治圣典，崇尚"无为而治"的"黄老之道"。西汉中期汉武帝转而崇尚"有为而治"的"周孔之道"，宣布"罢黜百家，独尊儒术"，所以《老子》其书不再是第一政治圣典，又经历了两千多年持续降维，上下经被颠倒，经文被系统篡改，经义被全面反注。

第二原因，汉后道教把老子其人尊为"长生不死"的"太上老君"，所以老子其人不再被看作春秋晚期陈国人，又经历了两千多年持续神化，从天地开辟之初，到上古[1]伏羲时代，再到中古夏商周，不断降世现身，创世之神盘古、上古仙人广成子等全都成了"太上老君"的化身。比如唐代道士杜光庭《道德真经广圣义序》说"太上老君降迹行教""历劫禀形，随方演化""千二百号，百八十名""自五太之首，逮殷周之前，为帝

---

[1] 本书关于上古、中古的时代划分不同于常规分法，参见作者《伏羲之道》《玉器之道》《青铜之道》等著作。——编者注

王师，代代应见"。

本章洗去汉代以降两千年出于政治原因对《老子》其书的降维，出于宗教原因对老子其人的神化，补充史证，考定年代，阐释疑案，梳理老子其人和《老子》其书的基本史实。

老子一生，可以分为三大时期：青年求道期，中年史官期，老年归隐期。

青年求道期，大约二十六年（前570—前545），与周灵王在位的二十七年（前571—前545）基本相当。

中年史官期，大约二十八年（前544—前517），与周景王在位的二十五年（前544—前520）基本相当。

老年归隐期，大约四十七年（前516—前470），与周敬王在位的四十三年（前519—前477）基本相当。

一 母邦陈国，不是楚国

老子（前570—前470），姓李，氏老，名耳，字聃，号伯阳，世称"老聃"，尊称"老子"。比孔子（前551—前479）年长约十九岁。因其寿约百岁，死年晚于孔子。

老子从出生到二十六岁左右（前570—前545），是其青年求道期，与周灵王在位的二十七年（前571—前545）基本相当。

老子生于陈国，而非楚国，对于理解老子其人和《老子》

其书意义重大,因为陈国是上古伏羲族古都,老子之道源于伏羲之道。

老子母邦是陈国,故乡是相邑(河南鹿邑),史证甚多。今本《史记·老子韩非列传》(以下简称《史记·老子列传》)作"楚苦县人"(此为撮引。为免繁复,后文引用古籍时有撮引,不再另注),然而《礼记·曾子问》唐代孔颖达疏引《史记》却作"陈国苦县人",证明后人改"陈"为"楚"。《后汉书·郡国二》:"苦,春秋时曰相。"《汉书·地理志》有"淮阳国有县九:陈、苦……",又有"陈国,今淮阳之地",证明陈、苦同属淮阳国,而汉代淮阳国即春秋陈国故地。东汉边韶《老子铭》:"楚相县人。"证明春秋时期的陈国相邑,在春秋末年(前479)楚国灭陈之后,才是楚国苦县。东汉河上公《老子注》,西晋皇甫谧《高士传》,唐代陆德明《经典释文·序录》,均称老子为"陈人"。所以老子母邦是陈国,唐代以前是普遍常识。唐代以后把《史记·老子列传》的"陈国"改为"楚国",导致后人普遍以为老子是楚人。

阎若璩《四书释地》曰:"苦县属陈,老子生长时,地尚楚未有。陈灭于(楚)惠王,在《春秋》获麟后三年,孔子已卒,况老聃乎?《史》冠'楚'于'苦县'上,以老子为楚人者,非也。"

郎擎霄《老子学案》亦曰:"《史记》之称'楚'者,以苦县在汉时属楚,并非谓老子时属楚也。按陈尝再灭于楚。陈哀公三十五年为楚所灭(鲁昭公八年),后五年惠公复兴(鲁昭公十三年),闵公二十一年卒灭于楚(获麟后三年)。即谓此'楚'

字指春秋之楚亦通，但老子与孔子同时且其年算甚高，其必为陈而非楚也。"[1]

周定王九年、陈成公元年（前598），楚庄王因夏姬之乱灭陈，设为楚县。申叔时谏之，复立陈成公。陈国第一次亡国，第一次复国。事在老子出生前二十八年。老子出生以后，必因父祖屡言而知之甚详。

周景王十一年、陈哀公三十五年（前534），楚公子弃疾灭陈，被楚灵王封为陈公。陈国第二次亡国，事在老子三十七岁，仕周担任史官之时。五年后，即周景王十六年、陈惠公五年（前529），楚公子弃疾弑楚灵王自立，即楚平王。楚平王又立陈惠公。[2]陈国第二次复国，事在老子四十二岁，仕周担任史官之时。

周敬王四十一年、陈湣公二十三年（前479），楚惠王灭陈，并予兼并，陈国绝祀。陈国第三次亡国，事在老子九十二岁，辞官以后居宋之时。

楚国从首次灭陈到最终灭陈，超过百年（前598—前479），所以亡国阴影笼罩老子一生。母邦亡于兼并战争，是《老子》反战的重要原因，所以老子反对春秋时代的大国兼并小国战争，主张回到"小国寡民"的上古伏羲时代。

老子母邦陈国，庄子母邦宋国，封疆均在今河南，所以道家是中原之学。孔子母邦鲁国，孟子母邦邹国，封疆均在今山

---

[1] 郎擎霄《老子学案》，4页，上海大东书局1926。
[2] 楚灭陈后，陈四年（前534—前530）无君。前529年陈惠公初继位，年号即为惠公五年，乃循惯例补足前四年。

东,所以儒家不是中原之学。然而汉武帝"罢黜百家,独尊儒术"以降两千年,独霸话语权的庙堂官学为了遮蔽道家是中原之学,把陈人老子、宋人庄子的母邦全都改为楚国。谎言重复千遍,国人均被洗脑,于是今人普遍以为儒家是中原之学,道家是南蛮之学。

二　伏羲古都,太昊之墟

老子母邦陈国的国名,源于龙山时代(前3000—前2000)的上古伏羲族古都"陈留",又名"宛丘"。《路史·后纪一》曰:"太昊伏羲氏……都于宛丘,故陈为太昊之虚(墟)。"注曰:"庖(伏)羲都陈留。"《竹书纪年》曰:"太昊庖牺(伏羲)氏都宛丘。"《左传·昭公十七年》曰:"陈,大皞(太昊)之虚(墟)也。"《左传·襄公二十九年》正义曰:"陈者,大皞伏羲氏之虚也。于汉,则淮阳郡陈县,是其都也。"《潜夫论·五德志》曰:"伏羲都于陈。"《水经注·渠》曰:"陈国也,伏羲、神农并都之。"《历代陵寝备考》曰:"伏羲都宛丘,神农氏仍之,故曰陈。"《续河南通志》曰:"古太昊之墟,为宛丘之地,神农都之,始为陈。"

春秋时期,老子出生之前,陈国宛丘(河南淮阳)已经按照伏羲先天八卦的格局,建有太昊陵,专祭太昊伏羲氏。唐、明、清持续修缮,至今完好,是全国重点文物保护单位。历代君主亲临太昊陵,御祭五十二次。

龙山时代的上古伏羲族古都之名"陈留"（河南淮阳），又源于先仰韶时代（前6000—前5000）的上古伏羲族古都之名"陈仓"（陕西宝鸡）。《水经注·渭水》："荣氏《开山图注》曰：'伏羲生成纪，徙治陈仓'。"又据《补史记·三皇本纪》所言"华胥生庖牺于成纪"，《水经注·渭水》所言"成纪县，故帝太皞庖牺所生之处也"，以及《路史》注所言"庖羲都陈留"，可知上古四千年伏羲族不断东进，先后以成纪（甘肃天水）、陈仓（陕西宝鸡）、陈留（河南淮阳）为都。百年考古发现的甘肃天水大地湾遗址（前6000）、陕西宝鸡北首岭遗址（前5200）、河南淮阳平粮台城址（前2500），证明了上古至中古的伏羲传说真实可信（详见拙著《伏羲之道》）。平粮台城址出土的半枚纺轮，上刻伏羲先天八卦标示春分的三爻离卦☲，进一步证明老子母邦陈国是"太昊之墟"真实可信。

上古至春秋，春秋至今日，陈国故地大量保留伏羲古风，大量流传伏羲传说。老子于春秋晚期生于陈国，亲闻太昊之墟，亲睹太昊之陵，耳濡目染母邦陈国的伏羲古风、伏羲传说，是其晚年撰著《老子》弘扬伏羲之道、暮年出关往秦寻访伏羲祖地的最初种子。

三　师事常枞，得闻舌教

少年老子，曾经师事宋人常枞。见于《说苑·敬慎》《文子·上德》《淮南子·缪称训》等籍。

>常枞有疾。
>
>老子往问焉,曰:"先生疾甚矣,无遗教可以语诸弟子者乎?"
>
>……
>
>(常枞)张其口,而示老子曰:"吾舌存乎?"
>
>老子曰:"然。"
>
>"吾齿存乎?"
>
>老子曰:"亡。"
>
>常枞曰:"子知之乎?"
>
>老子曰:"夫舌之存也,岂非以其柔耶?齿之亡也,岂非以其刚耶?"
>
>常枞曰:"嘻!是已。天下之事已尽矣,无以复语子哉!"(《说苑·敬慎》)

常枞是商代遗邦宋国人,所以又称"商容"(《淮南子·缪称训》)。常枞"舌教",源于商代《归藏》传承的伏羲泰道,这是老子晚年撰著《老子》弘扬伏羲泰道的重要前因。《老子》所言"柔之胜刚,弱之胜强"等,正是常枞所言"舌柔而存,齿刚而亡"的伏羲泰道。

《周礼·春官宗伯》曰:"太卜掌三易之法,一曰《连山》,二曰《归藏》,三曰《周易》。其经卦皆八,其别皆六十有四。"

证明周室同时拥有夏《连山》、商《归藏》、周《周易》。太卜属"巫",掌三易而用于卜筮。太史属"史",掌三易而用于历法。"巫史"共掌作为华夏文化总基因的伏羲六十四卦及其卦象合成的伏羲太极图。

周代诸侯只能获赐本朝圣典《周易》,不得拥有前朝圣典《连山》《归藏》,但有两个例外:夏代遗邦杞国自有本国传承的夏代《连山》,商代遗邦宋国自有本国传承的商代《归藏》。孔子周游列国,即在杞国得见夏代《连山》,在宋国得见商代《归藏》。证见《礼记·礼运》:"孔子曰:'我欲观夏道,是故之杞,而不足征也,吾得《夏时》焉。我欲观殷道,是故之宋,而不足征也,吾得《坤乾》焉。'"《连山》是夏代历法,所以别名《夏时》。《归藏》是商代历法,首"坤"次"乾",所以别名《坤乾》。中古夏商周以历法为宪法,君主"口含天宪",意为君主遵循历法治国。

老子母邦陈国是伏羲古都、太昊之墟,老子师事的宋人常枞传其商易《归藏》和伏羲泰道,老子出任东周史官,执掌三易,精通伏羲天文象数易,都是老子之道传承伏羲之道的重要因缘。

四　史官职责,左图右史

老子的中年史官期,不在母邦陈国,而在东周首都洛邑(河南洛阳)。

第一章　老子其人与《老子》其书

老子大约从二十七岁到五十四岁（前544—前517），出任东周史官二十八年，主要时段是周景王在位的二十五年（前544—前520），至周敬王四年（前516）辞官归隐。

老子作为史官的双重职责和老子辞官归隐的特殊原因，对于理解老子其人和《老子》其书意义重大。

老子担任东周史官，或称"守藏史"，或称"柱下史"。所以《汉书·艺文志》说："道家者流，盖出于史官，历记成败存亡祸福古今之道，然后知秉要执本，清虚以自守，卑弱以自持，此君人南面之术也。"

欲明《老子》所言"君人南面之术"，必须先明史官之"史"。《说文解字》曰："史，从又，持中。""又"为右手之象形，亦见《说文解字》："又，手也，象形。"段玉裁注："又，即今之右字。""中"是"口"与"｜"的合形。"口"即昆仑台（天文台）之象形，"｜"即立于昆仑台、用于圭表测影的八尺表木之象形。"中国"之"中"，即指天子之都是昆仑台的所在地，亦即历法正朔、标准时间的所出之地。所以"史"字的本义是，史官以"手"执"中"，观星制历，执掌天文。《尚书·大禹谟》"允执厥中"，正是"史"字的标准解释。

周代史官兼掌夏商周三易，而夏商周三易源于上古伏羲易，共同核心是伏羲六十四卦及其卦象合成的伏羲太极图。秦火汉黜导致上古至中古的华夏知识总图全面失传，所以秦汉以后仅知夏商周三易均有六十四卦，不知伏羲太极图由伏羲六十四卦的卦象合成。明白伏羲太极图由伏羲六十四卦的卦象合成，既是理解上古伏羲易、中古夏商周三易的先决条件，也是以易解《老》的先决条件。

伏羲六十四卦和伏羲太极图的根源是"天文"，显现为"象数"。"象"即以卦象标示天象，"数"即以爻数标示历数，所以上古伏羲易和中古夏商周三易的本质是天文象数易。老子作为东周史官，执掌并精通上古至中古的伏羲天文象数易。

史官第一职责是观星制历，执掌天文，即《汉书·艺文志》所言"秉要执本"。包括运用伏羲天文象数易，提前编制下一年的阴阳合历。既要确保下一年的二十四节气符合太阳历，即冬至的太阳位于南回归线上空，夏至的太阳位于北回归线上空，春分、秋分的太阳位于赤道上空；又要确保下一年的月相符合太阴历，即初一的月亮是新月，十五的月亮是圆月，月底的月亮是残月。史官第一职责属于"道"之范畴，这是《老子》撰著《道经》、主张"尊道"的根本原因。

史官第二职责是遵循天文，指导人文，即《汉书·艺文志》所言"君人南面之术"。包括指导侯王遵循天文历法治国，比如每年春分、夏至、秋分、冬至祭祀"太一"上帝，每月初一移居明堂十二室对应北斗斗柄之室，举行"告朔之礼"，等等。每年岁末，诸侯赴京朝觐天子，天子赐予史官提前编制的翌年历书。诸侯归国以后，按照天子所赐历书之正朔，管理本国的全年农事，第一要义是不误农时。史官第二职责属于"德"之范畴，这是《老子》撰著《德经》、主张"贵德"的根本原因。

史官两大职责，见于"左图右史"一语。"左图"即史官第一职责所执掌的天文之"图"（伏羲太极图及其派生的河图洛书等），"右史"即史官第二职责所执掌的人文之"史"。"史"又称"籍"称"书"，所以"左图右史"又称"左图右籍""左图右书"，省略"左右"二字，即为"图籍"或"图书"。"左图"是"右史"的依据，所以侯王治国的最高理念是"人文效法天文，人道效法天道"，亦即"以人合天，顺天应人"。

史官履行第一职责而观星制历，执掌天文，有上古至中古传承数千年的专业机构、专业设备、专业工具、专业符号，包括昆仑台（天文台），昆仑台上用于观星的天文窥管，用于测量太阳投影的圭表，用于记录每日圭影的六十四圭象。六十四圭象的第一功能是预测天道运行（提前编制翌年历书），第二功能是预测人道吉凶（择一卦象占卜）。所以"圭"+"卜"＝"卦"，"圭象"改称"卦象"，"六十四圭"改称"六十四卦"。上古伏羲族首创了昆仑台（天文台），首创了圭表测影，首创了记录圭影的伏羲六十四卦，首创了伏羲六十四卦合成的伏羲太极图，上古已经传遍华夏全境，中古夏商周的夏《连山》、商《归藏》、周《周易》全盘继承，并由史官执掌。所以东周史官老子精通伏羲天文象数易，并以伏羲太极图为源代码撰著《老子》，教诲天下侯王"人文效法天文，人道效法天道"，"以人合天，顺天应人"。

由于人文制度效法天文象数，所以天文象数称为"本数"，人文制度称为"末度"，两者合称"数度"。由于东周史官老子精通上古伏羲易和夏商周三易，所以《庄子·天下》曰："古之人其备乎！配神明，醇天地，育万物，和天下，泽及百姓；明于本数，系于末度；六通四辟，小大精粗，其运无乎不在。其明而在数度者，旧法世传之史尚多有之。"[1] 所言"古之人"，即伏羲氏。所言"旧法"，即伏羲天文象数易。所言"世传之史"，即世世传承、执掌三易的夏商周史官。《庄子·天下》又说，"世传之史"掌握"天地之美，万物之理，古人之全，神明之容"，最后又称东周史官老子为"古之博大真人"。《庄子·天下》又批评老子以后的儒墨等百家："悲夫，百家往而不返，必不合矣。后世之学者，不幸不见天地之纯，古人之大体，道术将为天下裂。"所言"天地之纯，古人之大体"和"道术"，仍是伏羲天文象数易。

后人常把史官狭义化为"记事之官"，导致很多国人误以为记录史事是史官的唯一职责，其实史官的第一职责是执掌"天道"（天文象数），第二职责才是遵循"天道"指导"人道"（人文制度），监督"人道"是否符合"天道"。这是理解东周史官老子及其所著《老子》的重要前提。

以易解《老》是阐释《老子》的唯一正途，但是不能以《周易》的人文卜筮易解《老》，必须以上古伏羲时代至夏代《连山》、商代《归藏》的天文象数易解《老》。倘若以《周易》的人文卜筮易解《老》，必定违背《老子》真义。

---

[1] 本书引用《庄子》，均以作者《庄子复原本》（天地出版社 2021）为据，不再另注。——编者注

五　孔子至周，问礼老子

东周史官老子精通天文、人文，名闻天下。于是好学的鲁国青年孔子自鲁至周，问礼老子。

鲁国是周公封国，周礼由周公制定，所以春秋时代"周礼"崩坏之后，世称"周礼尽在鲁矣"（《左传·昭公二年》）。孔子是崇拜周公的周礼专家，故其问于老子，并非问其熟知的"礼"，而是问其不知的"礼之本"，即礼制的本源，所以青年孔子自鲁至周问"礼"于老子，实为问"道"于老子。

《庄子》《吕氏春秋》《礼记》《孔子家语》《韩诗外传》《史记》《说苑》《新序》《潜夫论》等大量古籍记载了孔子问礼老子，此事原本并非疑案。但是汉武帝"罢黜百家，独尊儒术"以降两千年，很多后儒竭力否认孔子问礼老子，此事遂成疑案。二十世纪三十年代的"古史辨"时期又疑古过甚，片面理解《史记·老子列传》附记的老子传说，导致这一疑案广为传播。梁启超、顾颉刚、钱穆等人不仅否认孔子问礼老子的真实性，甚至否认老子其人、老子撰著《老子》的真实性。由于孔子问礼老子的具体内容，与理解《老子》宗旨直接相关，本节予以详解。

孔子自鲁至周问礼老子，地点是在东周首都洛邑。时间旧有多说，其中最为合理，符合所有相关限定的时间，是周景王二十四年、鲁昭公二十一年（前521）。此年孔子三十一岁，老子约五十岁。

《史记》记载此事较略，分见《孔子世家》《老子列传》：

鲁南宫敬叔言鲁君曰："请与孔子适周。"鲁君与之一乘车，两马，一竖子俱，适周问礼，盖见老子云。

辞去，而老子送之曰："吾闻富贵者送人以财，仁人者送人以言。吾不能富贵，窃仁人之号，送子以言曰：'聪明深察而近于死者，好议人者也。博辩广大危其身者，发人之恶者也。为人子者毋以有己，为人臣者毋以有己。'"

孔子自周反于鲁，弟子稍益进焉。（《史记·孔子世家》）

孔子适周，将问礼于老子。

老子曰："子所言者，其人与骨皆已朽矣，独其言在耳。且君子得其时则驾，不得其时则蓬累而行。吾闻之，良贾深藏若虚，君子盛德容貌若愚。去子之骄气与多欲，态色与淫志，是皆无益于子之身。吾所以告子，若是而已。"

孔子去，谓弟子曰："鸟，吾知其能飞；鱼，吾知其能游；兽，吾知其能走。走者可以为罔，游者可以为纶，飞者可以为矰。至于龙，吾不能知其乘风云而上天。吾今日见老子，其犹龙邪！"（《史记·老子列传》）

第一章 老子其人与《老子》其书

《孔子家语·观周》记载此事较详,分为三个部分。
第一部分总述:

孔子谓南宫敬叔曰:"吾闻老聃博古知今,通礼乐之原,明道德之归,则吾师也,今将往矣。"

对曰:"谨受命。"遂言于鲁君曰:"臣受先臣之命云:'孔子,圣人之后也,灭于宋。其祖弗父何,始有国而受(授)厉公。及正考父佐戴、武、宣,三命兹益恭。故其鼎铭曰:'一命而偻,再命而伛,三命而俯。循墙而走,亦莫余敢侮。饘于是,粥于是,以糊其口。'其恭俭也若此。臧孙纥有言:'圣人之后,若不当世,则必有明德而达者焉。孔子少而好礼,其将在矣。'属臣:'汝必师之。'今孔子将适周,观先王之遗制,考礼乐之所极,斯大业也。君盍以乘资之?臣请与往。"

公曰:"诺。"与孔子车一乘,马二四。竖子侍御,敬叔与俱。

至周,问礼于老聃,访乐于苌弘,历郊社之所,考明堂之则,察庙朝之度。于是喟然曰:"吾乃今知周公之圣,与周之所以王也。"

及去周,老子送之曰:"吾闻富贵者送人以财,仁者送人以言。吾虽不能富贵,而窃仁者之号,请送子以言乎。凡当今之士,聪明深察而近于死者,好讥议人者也。博辩闳达而危其身,好发人之恶者也。无以有己为人子者,无以恶己为人臣者。"

孔子曰:"敬奉教。"自周反鲁,道弥尊矣。远方弟子之进,盖三千焉。[1]

第一部分总述,近于《史记·孔子世家》所记,未及《史记·老子列传》所记老子对孔子的批评。

第二、第三部分展开总述所言"观先王之遗制"的两大项目"考明堂之则,察庙朝之度",《史记》遗漏未载。其中透露出以下重要信息:孔子进入明堂、太庙,当由老子引领并现场讲解。因为庙堂重地"闲人免进",若无东周史官老子引领,无官无职的鲁国庶民孔子,恐怕无缘进入明堂、太庙。《论语·乡党》所记孔子"入太庙,每事问",当属向老子发问。

第二部分展开总述所言"考明堂之则",即考察东周的明堂法则:

孔子观乎明堂,睹四门墉,有尧舜与桀纣之象,而各有善恶之状、兴废之诫焉。又有周公相成王,抱之负斧扆,南面以朝诸侯之图焉。

孔子徘徊而望之,谓从者曰:"此周之所以盛也。夫明镜所以察形,往古者所以知今。人主不务袭迹于其所以安

---

[1] 旧多认为《孔子家语》为三国王肃所撰伪书,1973 年河北定州八角廊西汉墓(墓主为中山怀王刘修)出土《孔子家语》,证明其为先秦旧籍。

存，而急急（忽忽）所以危亡，是犹未有以异于却走而欲求及前人也，岂不惑哉！"

老子先引领孔子"考明堂之则"，即考察夏商周明堂月令制度的"礼之本"。

夏商周明堂的基本格局，是四门八柱十二室（文中称为"睹四门墉"），对应四时八节十二月。老子的史官之名，称为"柱下史"，"柱下"即指明堂的四门八柱十二室。

明堂月令制度的"礼之本"，是"人文效法天文，人道效法天道"，"以人合天，顺天应人"。具体制度是：侯王跟随北斗七星的顺时针旋转，每月初一（朔日）举行"告朔之礼"，移居北斗斗柄所指明堂之室。北斗斗柄旋转一周，侯王与之同步旋转一周。侯王每月居于对应斗柄的不同之室，发布合于天道的政令，谓之"月令"。

孔子引用老子论明堂之言，见于战国儒生尸佼所著《尸子·处道》："仲尼曰：'不出于户，而知天下；不下其堂，而治四方。'"即言侯王居于"明堂"而"治四方"。

《论语·八佾》言及"告朔之礼"："子贡欲去告朔之饩羊。子曰：'赐也，尔爱其羊，我爱其礼。'"孔子之所以喜爱"告朔之礼"，正是喜爱夏商周明堂的"人文效法天文"政治理念，亦即侯王居于斗柄所指之室。

马王堆帛书《周易·要》篇记载，孔子曰："明君不时不宿，不日不月，不卜不筮，而知吉与凶，顺于天地之心也，此谓易道。"孔言"不时不宿",即谓不到某个时令,侯王不能住宿于对应时令的明堂之室。孔言"不卜不筮,而知吉与凶,顺于天地之心也,此谓易道",即谓侯王"不出于户,以知天下;不窥于牖,以知天道"(《老子》初始本第10章[1]),"易道"即伏羲天文象数易之道。

夏商周的明堂月令制度,及其基本理念"人文效法天文,人道效法天道","以人合天,顺天应人",是读懂《老子》必须具备的知识背景,因为《老子》大量运用明堂月令制度及其基本理念。假如不知夏商周的明堂月令制度及其基本理念,不可能理解《老子》真义。

第三部分展开总述所言"察庙朝之度",即考察夏商周的太庙神谕制度:

> 孔子观周,遂入太祖后稷之庙。庙堂右阶之前,有金人焉,三缄其口,而铭其背曰:
>
> "古之慎言人也,戒之哉!无多言,多言多败。无多事,多事多患。安乐必戒,无所行悔。勿谓何伤,其祸将长。勿谓何害,其祸将大。勿谓不闻,神将伺人。焰焰不灭,炎炎若何。涓涓不壅,终为江河。绵绵不绝,或成网罗。毫末不札,将寻斧柯。诚能慎之,福之根也。口是何伤?

---

[1] 本章涉《老子》分章及引文,均以作者《老子奥义》(天地出版社2024)为据,不再另注。——编者注

祸之门也。强梁者不得其死，好胜者必遇其敌。盗憎主人，民怨其上。君子知天下之不可上也，故下之；知众人之不可先也，故后之。温恭慎德，使人慕之。执雌持下，人莫逾之。人皆趋彼，我独守此。人皆或之，我独不徙。内藏我智，不示人技。我虽尊高，人弗我害。谁能于此？江海虽左，长于百川，以其卑也。天道无亲，而能下人。戒之哉！"

孔子既读斯文也，顾谓弟子曰："小人识之，此言实而中，情而信。《诗》曰：'战战兢兢，如临深渊，如履薄冰。'行身如此，岂以口过患哉？"

孔子见老聃而问焉，曰："甚矣，道之于今，难行也！吾比执道，而今委质以求当世之君，而弗受也。道于今，难行也！"

老子曰："夫说者流于辩，听者乱于辞。知此二者，则道不可以忘也。"

老子又引领孔子"察庙朝之度"，即考察夏商周太庙神谕制度的"礼之本"。

太庙神谕制度的"礼之本"，同样是"人文效法天文，人道效法天道"，"以人合天，顺天应人"。

孔子在老子引领之下，看见了东周太庙右阶之前的金人，以及刻于金人背部的《金人铭》。老子向孔子现场讲解了金人和《金人铭》：金人是华夏宗教至高神"太一"上帝的青铜神像，《金人铭》是"太一"上帝的神谕，核心宗旨是"执雌持下"的"伏羲泰道"。《金人铭》既见于《孔子家语·观周》,又见于刘向《说苑·敬慎》,全文224字,多于大多数商周青铜器的铭文字数,证明东周太庙金人的体量规格不逊于三星堆金人。三星堆金人同样也是华夏宗教至高神"太一"上帝的青铜神像。

不少国人误以为商周不能铸造类似于三星堆金人的巨型青铜神像,那是因为老子、孔子所见东周太庙金人,以及秦始皇伐灭六国以后销熔天下兵器所铸十二金人等巨型青铜神像,均因历代官方为了"断其龙脉"而销毁前朝重器,以及历代民间盗墓而消失。商周天子大墓均被盗掘一空,导致葬于商王墓葬区偏僻角落的妇好墓,成了葬品最为丰富的现存商墓。同理,埃及帝王谷核心区域的重要法老大墓均被盗掘一空,导致葬于帝王谷偏僻角落的次要法老图唐卡门墓,成了葬品最为丰富的现存法老墓。假如重要法老的大墓未被盗掘一空,葬品规格必定超越图唐卡门墓。假如商周天子的大墓未被盗掘一空,葬品规格必定超越妇好墓。假如东周太庙金人、秦始皇十二金人均未消失,体量规格必定超越三星堆金人。

《孔子家语·观周》所记孔子对老聃之言:"甚矣,道之于今,难行也!吾比执道,而今委质以求当世之君,而弗受也。道于今,难行也!"意为"当世之君"不肯遵循"伏羲泰道",所以"道于今,难行也"。其意略同《老子》初始本第34章:"吾言甚易知,甚易行。而人莫之能知,莫之能行。"

夏商周的太庙神谕制度,以及东周太庙《金人铭》的核心宗旨"伏羲泰道",也是读懂《老子》必须具备的知识背景,因为《老子》引用、化用了《金人铭》的绝大部分内容。比如《金人铭》曰："强梁者不得其死，好胜者必遇其敌。"《老子》第5章"人之所教，亦我而教人。故'强梁者不得其死'，吾将以为教父"引用其前句"强梁者不得其死"，同时宣布以东周太庙金人即"太一"上帝为"教父"，所以《老子》全书的大部分"吾""我"，均非老子之自称，而是老子尊为"教父"的"太一"上帝之自称。

再如《金人铭》曰："人皆趋彼，我独守此。人皆或之，我独不徙。"《老子》第61章化用为："众人皆有余，而我独若匮。……俗人昭昭，我独昏昏。俗人察察，我独闷闷。……众人皆有以，而我独顽以鄙。"两者句式全同，所以两者的"我独"之"我"，不是老子之自称，也是老子尊为"教父"的"太一"上帝之自称。这对正确理解《老子》至关重要。

再如《金人铭》曰："涓涓不壅，终为江河。……君子知天下之不可上也，故下之；知众人之不可先也，故后之。"《老子》第30章化用为："江海之所以能为百谷王者，以其善下之也，故能为百谷王。是以圣人之欲上民也，必以其言下之；其欲先民也，必以其身后之。"

再如《金人铭》曰："天道无亲，而能下人。"《老子》第42章化用为："天道无亲，恒与善人。"

再如《金人铭》曰："执雌持下，人莫逾之。"《老子》第53章化用为："天门启闭，能为雌乎？"第69章化用为："知其雄，守其雌，为天下溪。"假如不明白《金人铭》的"执雌持下"和《老子》的"知雄守雌"均言"伏羲泰道"，很难正确理解《老子》。

尽管个别汉后学者知道《老子》化用东周太庙的《金人铭》，但是鲜有人知金人是"太一"上帝神像，鲜有人知《金人铭》是"太一"上帝的神谕，鲜有人知《老子》称"太一"上帝为"教父"。因为夏商周信仰"太一"上帝的史实，在秦始皇以"王"僭"帝"和秦火汉黜以后失传殆尽。

假如不知太庙神谕制度是《老子》的知识背景，不知《老子》尊"太一"上帝为"教父"，不知《老子》和《金人铭》的共同宗旨是"伏羲泰道"，很难正确理解《老子》。

孔子三十一岁从鲁至周问礼于老子，"观先王之遗制"，"考明堂之则，察庙朝之度"，所问不是形而下的"礼之仪"，而是形而上的"礼之本"，老子所答是"礼必本于太一"，这是读懂《老子》的必要知识准备。

"夫礼，必本于太一"，"夫礼，先王以承天之道"，"夫礼，必本于天"，"夫政，必本于天"，均为《礼记·礼运》所记孔子之言，全都源于孔子至周向老子问"礼之本"的老子教诲，所以历代学者普遍认为，《礼记·礼运》并非儒家学说，而是道家学说。《老子》的宗旨，正是"礼必本于太一"。

六　王子争位，老子辞官

孔子至周问礼于老子的次年，即周景王二十五年（前520），周室发生了重大事变。

周景王晚年，欲废嫡长子太子猛，改立庶子王子朝为太子，宾孟等人支持，单穆公、刘献公等人反对，未果而崩。

周景王二十五年四月，周景王死。单穆公、刘献公诛杀宾孟，立太子猛为王，即周悼王。十一月，王子朝弑杀周悼王，自立为王。单穆公、刘献公另立太子猛的同母弟王子匄为王，即周敬王。由此开启了长达五年（前520—前516）的王子朝、周敬王争位之战。苌弘支持周敬王，老子静观其变。

周敬王元年（前519），晋国出兵支持周敬王，尹文公等人支持王子朝。争位双方陷入对峙。

周敬王二年（前518），甘平公出兵支持王子朝。争位双方继续胶着。

周敬王三年（前517），尹文公领兵攻打周敬王，失败。

周敬王四年（前516），王子朝攻下刘氏封邑。晋国再次出兵支持周敬王，击败王子朝。十月，王子朝与其党羽"奉周之典籍以奔楚"（《左传·昭公二十六年》）。

王子朝、周敬王争位之乱，以及王子朝携带周室图籍出奔楚国，对老子个人和中国历史影响深远。

首先是老子个人的转折点。老子失去其所守藏的图籍，被迫辞官归隐，结束了中年史官期，开启了老年归隐期。《老子》初始本第1章曰："失道而后德，失德而后仁，失仁而后义，失义而后礼。夫礼者，忠信之薄，而乱之首也。"其直接背景，正是"周礼"导致的王子朝、周敬王争位之乱，所以《史记·老子列传》说，老子"见周之衰，乃遂去"。

其次是中国历史的转折点。此前是书在周室,学也在周室,此后是书不在周室,学也不在周室,亦即"天子失官,学在四夷"(《左传·昭公十七年》)。老子于春秋晚期辞官以后开创的道家,成为战国诸子百家兴起的先声和源头。所以钱基博《中国文学史·诸子》认为:"《老子》冠时独出,为诸子之祖。"郭沫若《青铜时代·先秦天道观之进展》认为:"老聃是百家的元祖。"

七　居宋初期,《老子》成书

老子于周敬王四年(前516)辞官归隐之时,大约五十五岁。因其寿约百岁,此后的归隐期长达四十余年,与周敬王在位的四十三年(前519—前477)基本相当。

《史记·老子列传》说,老子"居周久之,见周之衰,乃遂去。至关……",导致后人的普遍误解是:老子辞官以后立刻出关往秦,五十五岁以后的漫长晚年全都在秦。其实《史记·老子列传》不仅遗漏了孔子在东周首都洛邑考察明堂月令制度、太庙神谕制度向老子问"礼之本",也遗漏了老子辞官以后客居宋国沛邑长达近四十年。由于楚国最终灭陈,老子无望叶落归根,才在九十余岁的暮年离宋往秦。

老子辞官以后,并非居于故乡陈国相邑,而是长期客居宋国沛邑。

周敬王四年（前516），老子因王子朝携籍奔楚而辞官以后，一直客居宋国沛邑。

周敬王四十一年（前479），楚国最终灭陈，老子离开客居近四十年的宋国沛邑，出关往秦。

老子母邦既然是陈国，故乡既然是相邑，辞官以后为何不居陈国相邑，而是客居宋国沛邑？因为老子出生前二十八年，以及老子三十七岁之时，陈国已被楚国伐灭两次，尽管两次均能侥幸复国，但是楚国威胁始终存在，亡国阴影笼罩陈国。所以老子辞官以后不居陈国相邑，客居宋国沛邑。

老子居宋初期，《老子》已经成书，证见《说苑》《论语》《礼记》《尸子》等籍。

> 韩平子问于叔向曰："刚与柔孰坚？"
>
> 对曰："臣年八十矣，齿再堕而舌尚存，老聃有言曰：'天下之至柔，驰骋乎天下之至坚。'又曰：'人之生也柔弱，其死也刚强；万物草木之生也柔脆，其死也枯槁。因此观之，柔弱者生之徒也，刚强者死之徒也。'夫生者毁而必复，死者破而愈亡；吾是以知柔之坚于刚也。"
>
> 平子曰："善哉！然则子之行何从？"
>
> 叔向曰："臣亦柔耳，何以刚为？"
>
> 平子曰："柔无乃脆乎？"
>
> 叔向曰："柔者纽而不折，廉而不缺，何为脆也？天之道，微者胜，是以两军相加，而柔者克之；两仇争利，而弱

者得焉。《易》曰：'天道亏满而益谦，地道变满而流谦，鬼神害满而福谦，人道恶满而好谦。'夫怀谦不足之柔弱，而四道者助之，则安往而不得其志乎？"

平子曰："善！"（《说苑·敬慎》）

叔向和韩平子，都是春秋晚期的晋国重臣。

韩平子又称韩贞子，是韩宣子之子。《史记·韩世家》："宣子卒，子贞子代立。"《史记索隐》引《世本》曰："平子名顷，宣子子也。"韩宣子（前562—前514在任）死于晋顷公十二年（前514），韩平子在任五十八年（前513—前456）而死。假定韩平子寿数八十岁，则其生年约为前535年，卒年为前456年。

叔向，晋平公为太子时担任太傅，历仕晋平公（前557—前532在位）、晋昭公（前531—前526在位）、晋顷公（前525—前512在位），与韩宣子同朝为官。假定晋平公即位之年（前557），叔向三十多岁，再假定叔向寿约九十岁，则其生年约为前590年，卒年约为前501年。叔向（前590—前501）比老子（前570—前470）约长二十岁，比韩平子（前535—前456）约长五十五岁。

此事发生于叔向八十岁之时，即周敬王九年、晋定公元年、韩平子三年（前511），韩平子二十五岁。老子六十岁，居宋第六年。

据此可知：《老子》成书的时间上限，是老子仕周担任史官时期;《老子》成书的时间下限,是老子居宋初期,六十岁(前511)之前。正因老子居宋初期《老子》已经成书,且已流传天下,所以比老子年长二十岁的晋人叔向,才有机会在其暮年阅读、引用、评论《老子》。

比老子年轻十九岁的鲁人孔子,同样也阅读、引用、评论了《老子》,见于《论语》《礼记》《尸子》等籍。

> 或曰:"'以德报怨',何如?"子曰:"何以报德?以直报怨,以德报德。"(《论语·宪问》)
>
> 子曰:"以德报怨,则宽身之仁也。以怨报德,则刑戮之民也。"(《礼记·表记》)
>
> 仲尼曰:"不出于户,而知天下;不下其堂,而治四方。"(《尸子·处道》)

孔子及其弟子阅读、引用、评论《老子》,不限于"以德报怨"和"不出于户,而知天下",兹不尽举。

由于《史记·老子列传》遗漏了老子辞官以后客居宋国沛邑近四十年,旧多以为老子辞官以后立刻出关往秦,应关尹之请而即兴书写《老子》,于是引出了《老子》成书于战国初期、战国中期、战国晚期,甚至《老子》为庄子后学托名伪撰等无稽之谈。

八　居宋期间，弟子众多

老子客居宋国沛邑初期，《老子》已经成书并且流传天下，此后天下士子慕名至沛，成为老子弟子。

《庄子·庚桑楚》记载了老子弟子庚桑楚与老子再传弟子南荣趎：

老聃之役有庚桑楚者，偏得老聃之道，以北居畏垒之山。其臣之画然知者，去之；其妾之洁然仁者，远之。拥肿之与居，鞅掌之为使。居三年，畏垒大穰。

畏垒之民相与言曰："庚桑子之始来，吾洒然异之。今吾日计之而不足，岁计之而有余。庶几其圣人乎？子胡不相与尸而祝之，社而稷之乎？"

庚桑子闻之，南面而不释然。弟子异之。

庚桑子曰："弟子何异于予？夫春气发而百草生，正得秋而万实成。夫春与秋，岂无得而然哉？天道已行矣。吾闻至人尸居环堵之室，而百姓猖狂不知所如往。今以畏垒之细民，而窃窃焉欲俎豆予于贤人之间，我其杓之人邪？吾是以不释于老聃之言。"

弟子曰："不然。夫寻常之沟，巨鱼无所还其体，而鲵鳅为之制；步仞之丘，巨兽无所隐其躯，而孽狐为之祥。且夫尊贤授能，先善与利，自古尧舜已然，而况畏垒之民乎？夫子亦听矣！"

庚桑子曰："小子来！夫函车之兽，介而离山，则不免于网罟之患；吞舟之鱼，荡而失水，则蝼蚁能苦之。故鸟兽不厌高，鱼鳖不厌深。夫全其形生之人，藏其身也，不厌深眇而已矣。且夫二子者，又何足以称扬哉？是其于辨也，将妄凿垣墙而殖蓬蒿也；简发而栉，数米而炊，窃窃乎又何足以济世哉？举贤则民相轧，任知则民相盗。之数物者，不足以厚民。民之于利甚勤，子有杀父，臣有杀君，正昼为盗，日中穴阫。吾语汝，大乱之本，必生于尧舜之间，其末存乎千世之后。千世之后，其必有人与人相食者也。"

南荣趎蹴然正坐曰："若趎之年者已长矣，将恶乎托业，以及此言邪？"

庚桑子曰："全汝形，抱汝生，无使汝思虑营营。若此三年，则可以及此言矣。"

南荣趎曰："目之与形，吾不知其异也，而盲者不能见；耳之与形，吾不知其异也，而聋者不能闻；心之与形，吾不知其异也，而狂者不能得。形之与形亦辟矣，而物或间之邪？欲相求，而不能相得。今谓趎曰：'全汝形，抱汝生，勿使汝思虑营营。'趎晚闻道，达耳矣。"

庚桑子曰："辞尽矣。奔蜂不能化藿蠋，而能化螟蛉；越鸡不能伏鹄卵，鲁鸡固能矣。鸡之与鸡，其德非不同也；

有能与不能者，其才固有巨小也。今吾才小，不足以化子。子胡不南见老子？"

南荣趎赢粮，七日七夜至老子之所。
老子曰："子自楚之所来乎？"
南荣趎曰："唯。"
老子曰："子何与人偕来之众也？"
南荣趎惧然顾其后。
老子曰："子不知吾所谓乎？"
南荣趎俯而惭，仰而叹，曰："今者吾忘吾答，因失吾问。"
老子曰："何谓也？"
南荣趎曰："不知乎，人谓我朱愚；知乎，反愁我躯。不仁则害人，仁则反愁我身。不义则伤彼，义则反愁我己。我安逃此而可？此三言者，趎之所患也。愿因楚而问之。"
老子曰："向吾见若眉睫之间，吾因以得汝矣。今汝又言而信之。若规规然若丧父母，揭竿而求诸海也。汝亡人哉！惘惘乎？汝欲返汝情性，而无由入。可怜哉！"
南荣趎请入就舍，召其所好，去其所恶。十日息愁，复见老子。
老子曰："汝自洒濯熟哉？郁郁乎？然而其中津津乎？犹有恶也？夫外韄者，不可繁而促，将内楗；内韄者，不可缪而促，将外楗。外内韄者，道德不能持，而况仿道而行者乎?"

南荣趎曰:"里人有病,里人问之。病者能言其病,病者犹未病也。若趎之闻大道,譬犹饮药以加病也。趎愿闻卫生之经而已矣。"

老子曰:"卫生之经? 能抱一乎? 能勿失乎? 能无卜筮而知吉凶乎? 能止乎? 能已乎? 能舍诸人而求诸己乎? 能翛然乎? 能侗然乎? 能儿子乎? 儿子终日嗥,而不嗌不嗄,和之至也;终日握,而手不掜,共其德也;终日视,而目不瞚,偏不在外也。行不知所之,居不知所为,与物委蛇而同其波,是卫生之经矣。"

南荣趎曰:"然则是至人之德已乎?"

曰:"非也。是乃所谓冰解冻释者,能乎? 夫至人者,相与交食乎地,而交乐乎天,不以人物利害相撄,不相与为怪,不相与为谋,不相与为事。翛然而往,侗然而来,是谓卫生之经矣。"

曰:"然则是至乎?"

曰:"未也。吾固告汝曰:'能儿子乎?' 儿子动不知所为,行不知所之,身若槁木之枝,而心若死灰。若是者,祸亦不至,福亦不来。祸福无有,恶有人灾也?"

老子弟子庚桑楚"北居畏垒之山",庚桑楚弟子南荣趎"七日七夜"而"南见老子",都是相对于老子南居于宋国沛邑而言。庚桑楚之言,老子教诲南荣趎之言,无不符合《老子》。《史记·老子列传》说《庄子》"《畏累虚》《亢桑子》之属,皆空语无事实",《畏累虚》《亢桑子》是刘安版《庄子》大全本的两篇"杂篇",郭象版《庄子》删残本所删十九篇中的两篇。

庚桑楚的著作《庚桑子》,又名《亢桑子》或《亢仓子》。天宝元年(742),唐玄宗册封庚桑子为"洞灵真人",册封《庚桑子》为《洞灵真经》。

《庄子·则阳》又记载了老子另一弟子柏矩:

> 柏矩学于老聃,曰:"请之天下游。"
>
> 老聃曰:"已矣!天下犹是也。"
>
> 又请之。
>
> 老聃曰:"汝将何始?"
>
> 曰:"始于齐。"
>
> 至齐,见辜人焉,推而僵之,解朝服而幕之,号天而哭之曰:"子乎!子乎!天下有大灾,子独先罹之?"曰:"莫为盗?莫为杀人?"
>
> 荣辱立,然后睹所病;货财聚,然后睹所争。今立人之所病,聚人之所争,穷困人之身,使无休时,欲无至此,得乎?古之君人者,以得为在民,以失为在己;以正为在民,以枉为在己,故一物有失其形者,退而自责。今则不然,匿为物,而过不识;大为难,而罪不敢;重为任,而罚不胜;远其途,而诛不至。民知力竭,则以伪继之。日出多伪,士民安取不伪?夫力不足则伪,知不足则欺,财不足

则盗。盗窃之行,于谁责而可乎?

柏矩别书不载,"学于老聃"的时间,也应在老子居宋期间。所言"古之君人者,以得为在民,以失为在己;以正为在民,以枉为在己",符合《老子》所言"君人南面之术"之伏羲泰道。

老子居宋时期的弟子,除了《庄子》记载的庚桑楚、柏矩等人,另有范蠡、文子等人。

老子居宋第十一年,即周敬王十四年、楚昭王十年、吴王阖闾九年(前506)冬天,伍子胥、孙武率领吴军攻破楚国郢都,掘楚平王墓,鞭尸三百。楚昭王(前515—前489在位)逃离郢都,流亡随国、郑国。

老子居宋第十二年,即周敬王十五年、楚昭王十一年、吴王阖闾十年(前505)春天,周敬王趁着楚乱,派人刺杀了逃到楚国的王子朝。王子朝之墓,在楚国宛邑西鄂县(今河南南阳石桥镇)。西鄂晁氏,是以"朝"(晁)为姓的王子朝后裔。

九　孔子游宋,问道老子

老子居宋第二十二年,孔子周游列国第三年,即周敬王二十五年、鲁定公十五年(前495),孔子自曹至宋,问道于客居宋国沛邑的老子。事见《庄子·天运》:

孔子行年五十有一而不闻道，乃南之沛见老聃。

老聃曰："子来乎？吾闻子，北方之贤者也，子亦得道乎？"

孔子曰："未得也。"

老子曰："子恶乎求之哉？"

曰："吾求之于度数，五年而未得也。"

老子曰："子又恶乎求之哉？"

曰："吾求之于阴阳，十有二年而未得也。"

老子曰："然。使道而可献，则人莫不献之于其君；使道而可进，则人莫不进之于其亲；使道而可以告人，则人莫不告其兄弟；使道而可以与人，则人莫不与其子孙。然而不可者，无它也，中无主而不止，外无征而不行。由中出者，不受于外，圣人不出；由外入者，无主于中，圣人不隐。名者，公器也，不可多取。仁义者，先王之蘧庐也，止可以一宿，而不可久处，觏而多责。

"古之至人，假道于仁，托宿于义，以游逍遥之墟，食于苟简之田，立于不贷之圃。逍遥，无为也；苟简，易养也；不贷，无出也。古者谓是采真之游。以富为是者不能让禄，以显为是者不能让名，亲权者不能与人柄；操之则慄，舍之则悲。尔一无所鉴，以窥其所不休者，是天之戮民也！

"怨恩、取与、谏教、生杀，八者正之器也，唯循大变无所湮者，为能用之。故曰：正者，正也。其心以为不然者，天门弗开矣。"

孔子见老聃而语仁义。

老聃曰:"夫蹍糠眯目,则天地四方易位矣;蚊虻噆肤,则通夕不寐矣。夫仁义憯然,乃愤吾心,乱莫大焉。吾子使天下无失其朴,吾子亦仿风而动,总德而立矣。又奚杰杰然揭仁义,若负建鼓而求亡子者邪?夫鹄不日浴而白,乌不日黔而黑。黑白之朴,不足以为辩;名誉之观,不足以为广。泉涸,鱼相与处于陆;与其相呴以湿,相濡以沫,不若相忘于江湖。"

孔子见老聃归,三日不谈。

弟子问曰:"夫子见老聃,亦将何规哉?"

孔子曰:"吾与汝处于鲁之时,人用意如飞鸿者,吾为弓弩而射之;用意如游鹿者,吾为走狗而逐之;用意如井鱼者,吾为钩缴以投之。至于龙,吾不知也。吾乃今于是乎见龙!龙,合而成体,散而成章,乘乎云气,而养乎阴阳。予口张而不能嗋,舌举而不能讱,予又何规老聃哉?"

子贡曰:"然则人固有尸居而龙见,渊默而雷声,发动如天地者乎?赐亦可得而观乎?"遂以孔子声见老聃。

老聃方将倨堂而应,微曰:"予年运而往矣,子将何以诫我乎?"

子贡曰:"夫三王之治天下不同,其系声名一也。而先生独以为非圣人,如何哉?"

老聃曰:"小子少进!子何以谓不同?"

对曰:"禹用力而汤用兵,文王顺纣而不敢逆,武王逆纣而不肯顺,故曰不同。"

老聃曰:"小子少进!余语汝三皇五帝之治天下。黄帝之治天下,使民心一:民有其亲死不哭,而民不非也。尧之治天下,使民心亲:民有为其亲杀其服,而民不非也。舜之治天下,使民心竞:民妇孕七月而生子,子生五月而能言,不至乎孩而始谁,则人始有夭矣。禹之治天下,使民心变:人有心而兵有顺,杀盗非杀人,自为种而天下耳。是以天下大骇,儒墨皆起。其作始有伦,而今乎归。汝何言哉?余语汝:三王之治天下,名曰治之,而乱莫甚焉。三王之知,上悖日月之明,下睽山川之精,中堕四时之施,其知憯于蛎虿之尾、鲜窥之兽。莫得安其性命之情者,尔犹自以为圣人,不可耻乎?其无耻也!"

子贡蹙蹙然,立不安。

孔子谓老聃曰:"丘治《诗》《书》《礼》《乐》《易》《春秋》六经,自以为久矣,熟知其故矣;以干者七十二君,论先王之道,而明周召之迹,一君无所钩用。甚矣夫!人之难说也?道之难明邪?"

老子曰:"幸矣,子之不遇治世之君也!夫六经,先王之陈迹也,岂其所以迹哉?今子之所言,犹迹也。夫迹,履之所出,而迹岂履哉?夫白鹢之相视,眸子不运而风化。虫,雄鸣于上风,雌应于下风而化。类自为雌雄,故曰风化。性不可易,命不可变,时不可止,道不可壅。苟得于道,无自而不可;失焉者,无自而可。"

孔子不出三月,复见曰:"丘得之矣。乌鹊孺,鱼傅沫,细腰者化;有弟而兄啼。久矣夫,丘不与化为人!不与化为人,安能化人?"

老子曰:"可。丘得之矣。"

所言"孔子南之沛见老聃",不误。所言"孔子行年五十有一","一"应为"七"。鲁定公九年至十三年(前501—前497),孔子五十一岁至五十五岁,先后担任鲁国的中都宰、大司寇、摄相事,所以孔子五十一岁时,尚未开始周游列国,不可能前往宋国沛邑问道于老子。致误的原因可能有二,或是撰者记忆不确,或是"七"讹为"一"。

周敬王二十三年、鲁定公十三年(前497),孔子五十五岁,因鲁定公迷恋齐国赠送的女乐而不事国政,孔子愤而辞官,自鲁至卫,开始周游列国。鲁哀公十一年(前484),孔子应鲁哀公之请,自卫返鲁,结束周游列国。孔子周游列国十四年,年龄从五十五岁至六十八岁。

老子居宋第二十二年,即周敬王二十五年、鲁定公十五年(前495),孔子周游列国第三年,孔子五十七岁,自曹至宋,到达宋国沛邑,第二次问道于老子。

孔子一生两次问道于老子,时间、地点全都不同。第一次孔子三十一岁,自鲁至周;老子五十岁,在周为官。第二次孔子五十七岁，自曹至宋；老子七十六岁，辞官居宋。二事相隔二十六年。

孔子在宋第二次问道于老子，盘桓时间超过三个月，所以《庄子·天运》记载了其中多次场景，但非所有场景。《庄子·天运》未记的部分场景，见于《礼记·曾子问》和《史记·孔子世家》。

老子居宋第二十五年，即周敬王二十八年（前492），孔子在宋国沛邑第二次问道于老子之后三年，老子在周为官之时的同事，孔子三十一岁时自鲁至周"问礼于老聃，访乐于苌弘"之苌弘（约前562—前492），卷入晋国六卿的赵氏与范氏、中行氏内战，因支持范氏而得罪赵氏。周敬王迫于晋国执政赵简子的压力，把苌弘流放蜀地。苌弘悲愤自杀，传说三年后其血化为碧玉。《庄子·外物》《庄子·胠箧》均曾言及苌弘。

老子居宋第二十六年，即周敬王二十九年、陈湣公十一年（前491），孔子在宋国沛邑第二次问道于老子之后四年，孔子至陈，事奉陈国末代君主陈湣公（前501—前479在位）。

老子居宋第二十八年，即周敬王三十一年、陈湣公十三年、吴王夫差七年、楚昭王二十七年（前489），孔子在宋国沛邑第二次问道于老子之后六年，孔子居陈第三年，吴趁晋、楚争强而伐陈，楚救陈，孔子离陈至楚。事见《史记·孔子世家》："孔子居陈三岁，会晋、楚争强，更伐陈。及吴侵陈，陈常被寇。孔子曰：'归与归与！吾党之小子狂简，进取不忘其初。'于是孔子去陈。"孔子至楚，叶公礼之。《庄子·人间世》记载了孔子、叶公的对话。

有些学者据此猜测,孔子居陈三年期间曾经问道于辞官归陈的老子。实无确据。孔子周游列国十四年期间,老子始终客居宋国沛邑,不在故乡陈国相邑,所以孔子第二次问道于老子,不在陈而在宋。

十　孔子返鲁,追忆老聃

孔子周游列国十四年(前497—前484),颜回、子路、子贡等早年弟子随行。颜回(前521—前481)小孔子三十岁,返鲁第四年死于鲁。子路(前542—前480)小孔子九岁,返鲁第五年死于卫。子贡(前520—前450)小孔子三十一岁,返鲁以后在外经商。所以孔子返鲁以后,早年弟子或死或散。

孔子五十五岁开始周游列国之时,小孔子四十六岁的曾参(前505—前436)年仅九岁,小孔子四十四岁的子夏(前507—前420)年仅十一岁,尚非孔门弟子,无缘随行周游列国,无缘亲见孔子在宋问道于老子。孔子六十八岁返鲁之时,曾参二十二岁,子夏二十四岁,始为孔门弟子。所以孔子答曾参、子夏之问,多次追忆在宋第二次问道于老子。

《礼记·曾子问》记载了孔子追忆在宋第二次问道于老子的四事,三事为曾参所问,一事为子夏所问,孔子四言"吾闻诸老聃"。其中第二事,是孔子答曾参第二问:

曾子问曰:"葬引至于堩,日有食之,则有变乎?且不乎?"

孔子曰:"昔者吾从老聃助葬于巷党,及堩,日有食之。老聃曰:'丘!止柩就道右,止哭以听变。'既明,反而后行。曰:'礼也。'反葬,而丘问之曰:'夫柩不可以反者也。日有食之,不知其已之迟数,则岂如行哉?'老聃曰:'诸侯朝天子,见日而行,逮日而舍奠。大夫使,见日而行,逮日而舍。夫柩不早出,不暮宿。见星而行者,唯罪人与奔父母之丧者乎!日有食之,安知其不见星也?且君子行礼,不以人之亲痁患。'吾闻诸老聃云。"

孔子之言的两个关键词"日有食之""助葬于巷党",是考定此事之时间、地点的关键线索。

不少学者认为,"巷党"即《论语·子罕》所言"达巷党人"。其实《论语》之"达巷",是鲁国曲阜某条巷子的专名,"党人"即邻居,古以五百家为党。《礼记·曾子问》之"巷党",则是通名,即同一巷子的邻居,未言巷子位于何国何邑。《礼记·曾子问》孔子所述"吾闻诸老聃"之地,应为老子辞官以后长期客居之地宋国沛邑。因为孔子第一次在洛邑问道于老子,各书仅记孔子问道于明堂、太庙,未记孔子"从老聃助葬于巷党"。老聃助葬于巷党,是因为客居宋国沛邑已有二十一年之久,周边邻居均已熟识。孔子"从老聃助葬于巷党",不可能发生于第一次问道的初识之时,只可能发生于第二次问道的老友之间。

学者们把宋国沛邑之"巷党",误解为鲁国曲阜之"达巷",然后查找《春秋》《左传》所记"日有食之",发现相关时段有四次日食:第一次是周景王二十五年、鲁昭公二十二年(前520),第二次是周敬王二年、鲁昭公二十四年(前518),第三次是周敬王九年、鲁昭公三十一年(前511),第四次是周敬王二十五年、鲁定公十五年(前495)。于是误以为四年中的某一年,或是老子在鲁,或是孔子至周,第二次问道于老子。

大多数学者不赞成第一次,即周景王二十五年、鲁昭公二十二年(前520)。因为孔子去年(前521)刚刚自鲁至周问道于老子,今年是周景王死后发生争位之乱的第一年,孔子不可能再次至周问道于老子。老子今年仍然在周担任史官,也不可能去周至鲁。

大多数学者赞成第二次,即周敬王二年、鲁昭公二十四年(前518)。比如阎若璩《四书释地·序》曰:"《曾子问》孔子曰:'昔者吾从老聃助葬于巷党,及堩,日有食之。'唯昭公二十有四年夏五月乙未朔,日有食之,见《春秋》,此即孔子从老聃问礼也。"

阎若璩认为《礼记·曾子问》所言"日食"之年,正是孔子自鲁至周问道于老子之年。然而詹剑峰《老子其人其书及其道论》否定了阎若璩之说:"鲁昭公二十二年(孔子三十二岁),周室已发生内乱,打了五年之久,孔子当然不能于周室两派贵族斗争之时去观光问礼。而鲁昭公二十五年(孔子三十五岁),鲁国也发生内乱,昭公出奔,国内无君,孔子因乱适齐,流亡在外者也有几年,自无'鲁君与之一车两马'之事。而鲁昭公二十六年,周室王子朝已'奉周之典籍以奔楚',老子也因之免官归居于陈,孔老自无在周相见之理。"[1]

詹剑峰的批评合理,《礼记·曾子问》所言"日食"之年不可能是鲁昭公二十四年,因为此年是争位之战的第三年,孔子不可能自鲁至周,老子不可能离周至鲁。

大多数学者也不赞成第三次,即周敬王九年、鲁昭公三十一年(前511)。

部分学者赞成第四次,即周敬王二十五年、鲁定公十五年(前495)。比如黄方刚《老子年代之考证》认为:"孔子两见老子,第一次孔子五十一岁,第二次孔子五十七岁。"[2]

黄方刚认为孔子两见老子,确为卓见,但其认为的孔子五十一岁自鲁至周第一次问道于老子,决无可能。因为孔子五十一岁是周敬王十九年、鲁定公九年(前501),老子已于周敬王四年(前516)辞官离周,客居宋国沛邑已有十六年。

黄方刚认为的,鲁定公十五年(前495)孔子五十七岁第二次问道于老子,符合所有相关条件。老子居宋第二十二年,孔子周游列国第三年,即周敬王二十五年、鲁定公十五年(前495),孔子在宋国沛邑第二次问道于老子,盘桓三个月以上,其间多次问道,并且曾经跟随老子助葬于宋国沛邑之巷党,恰

---

[1] 詹剑峰《老子其人其书及其道论》,31页,华中师范大学出版社2006。
[2] 黄方刚《老子年代之考证》,《古史辨(四)》,381页,上海古籍出版社1982。

好发生日食。孔子六十八岁返鲁以后,回答晚年弟子曾参、子夏之问,回忆在宋国沛邑第二次问道于老子,一再言及"吾闻诸老聃"。

十一　老子暮年,楚国灭陈

老子居宋第三十八年,即周敬王四十一年、楚惠王十年、陈湣公二十三年、宋景公三十八年(前479),孔子在宋国沛邑第二次问道于老子之后十六年,楚惠王灭陈。这是楚国第三次灭陈,并予兼并,陈国绝祀。老子时年九十二岁。

同年,孔子死于鲁国曲阜,享年七十三岁(前551—前479)。

同年,老子客居的宋国发生了"荧惑守心"的特殊天象,见于《史记·宋微子世家》:

> (宋景公)三十七年(年代误),楚惠王灭陈。荧惑守心。心,宋之分野也。景公忧之。
> 　　司星子韦曰:"可移于相。"景公曰:"相,吾之股肱。"
> 　　曰:"可移于民。"景公曰:"君者待民。"
> 　　曰:"可移于岁。"景公曰:"岁饥民困,吾谁为君!"
> 　　子韦曰:"天高听卑。君有君人之言三,荧惑宜有动。"
> 　　于是候之,果徙三度。

宋景公不愿把"天谴"移于国相、国民、年成,而有"君人之言三",完全符合《老子》褒扬的"君人南面之术"。刘向《新序·杂事四》抄引此事,然后明引《老子》:"《老子》曰:能受国之不祥,是谓天下之王也。"

此事有助于理解老子"见周之衰"辞官以后,为何不选择客居姬姓诸侯国,而是选择客居商代遗邦宋国。因为周代《周易》首"乾"次"坤",其"君人南面之术"属于《老子》批判的"否术",商代《归藏》首"坤"次"乾"(别名《坤乾》,孔子于宋得之),其"君人南面之术"属于《老子》褒扬的"泰道"。宋襄公、宋景公全都遵循"坤柔而存,乾刚而亡"的伏羲泰道,亦即老子之师宋人常枞所传"舌柔而存,齿刚而亡"的伏羲泰道。

楚国在老子垂暮之年灭陈,老子失去了叶落归根、返回故乡的最终希望,于是决定离宋往秦。与老子一样批判周道的墨家,与老子的选择相同,所以墨家总部从来不设在姬姓诸侯国,而是墨子之时设于宋国(第一代巨子禽滑釐),墨子死后移至楚国(第二代巨子孟胜)、返回宋国(第三代巨子田襄子),最后移至秦国(第四代巨子腹䵍、第五代巨子唐姑果)。

《史记》遗漏了老子辞官以后客居宋国沛邑长达三十八年的史实,导致两千年来人们普遍误以为老子辞官以后立刻出关往秦。由于老子辞官以后客居宋国沛邑长达三十八年,宋国沛邑成为老子一生居住时间最长之地,老子与"巷党"邻居已经熟识到为其"助葬",所以老子出关往秦的出发地,既非东周首都洛邑,亦非故乡陈国相邑,而是客居之地宋国沛邑。

《庄子·寓言》明确记载老子"西游于秦"的出发地是宋国沛邑：

> 阳子居南之沛，老聃西游于秦，邀于郊，至于梁而遇老子。
>
> 老子中道仰天而叹曰："始以汝为可教，今不可也。"
>
> 阳子居不答。至舍，进盥漱巾栉，脱屦户外，膝行而前曰："向者弟子欲请夫子，夫子行不闲，是以不敢。今闲矣，请问其过。"
>
> 老子曰："而睢睢，而盱盱，而谁与居？大白若辱，盛德若不足。"
>
> 阳子居蹴然变容曰："敬闻命矣！"
>
> 其往也，舍迎将。其家公执席，妻执巾栉，舍者避席，炀者避灶。其返也，舍者与之争席矣。

杨朱（前395—前335）是战国中期魏国人，并非老子亲传弟子，出生时老子（前570—前470）已死七十多年，所以不宜把《庄子》中的"阳子居"直接视为杨朱，而宜视为杨朱的寓言化。由于杨朱是战国中期影响最大的老子后学，所以庄子亲撰的《庄子·应帝王》，首创了借用杨朱的寓言化人物"阳子居"与老子对话的寓言。庄子弟子蔺且所撰《庄子·寓言》又予仿效，同时点明了重要史实：老子"西游于秦"的出发地是宋国沛邑。

庚桑楚弟子南荣趎南行问道于老子之地，孔子周游列国第二次问道于老子之地,楚惠王灭陈以后老子"西游于秦"的出发之地,都是老子辞官以后长期客居之地:宋国沛邑。

十二　陈亡出关,留书关尹

老子客居宋国沛邑三十八年,在九十二岁之暮年,楚国伐灭兼并其母邦陈国,于是老子离开宋国沛邑,"西游于秦"。

《史记·老子列传》曰:

> 老子修道德,其学以自隐无名为务。居周久之,见周之衰,乃遂去。
> 至关,关令尹喜曰:"子将隐矣,强为我著书。"
> 于是老子乃著书上下篇,言道德之意五千余言而去,莫知其所终。

"关令尹喜曰",读作"关/令尹/喜曰"。"关"一般认为是函谷关,葛洪《抱朴子》记为"散关"。"令尹"是周代官名。"关令尹"简称"关尹",见于《国语·周语》:"敌国宾至,关尹以告。"所以关尹其人姓名不传,仅知官职。"喜曰"意为"喜悦地说",旧多误读为"关令/尹喜/曰",误以为函谷关关令姓"尹"名"喜"。

西汉中期司马迁撰写《史记·老子列传》以后,西汉晚期刘向已经误读为"关令/尹喜/曰",故其所撰《列仙传》曰:"关令尹喜者,周大夫也。"刘向或为这一误读的始作俑者。随后东汉班固《汉书·艺文志》承之曰:"名喜,为关吏,老子过关,喜去吏而从之。"后人普遍沿袭此误。

《庄子》之《达生》《天下》,《列子》之《力命》《杨朱》《黄帝》,《吕氏春秋》之《不二》均称"关尹",均为"关令尹"之简称。关尹著书九篇,刘向《列仙传》称为《关令子》,班固《汉书·艺文志》称为《关尹子》,都是源于官职"关令尹"。假如关尹姓尹名喜,其书不应称为《关令子》或《关尹子》,而应称为《尹子》或《尹喜子》,正如齐人尹文之书称为《尹文子》。

"老子乃著书上下篇","著书"二字不确,应为留书。竹帛时代,《老子》五千言堪称鸿篇巨制,何况逻辑结构如此严密,义理层次如此缜密,不可能是即兴之作。抄写五千言已难速成,遑论即兴著书五千言。所以关尹在函谷关留住老子期间,顶多是老子感其心诚,取出行囊之中的《老子》竹简赠之,或是允其留下一个抄本。由于关尹是老子众多弟子中传播《老子》影响最大者,关尹后学又有著名的列子等人,所以关尹后学遂将老子出关留书传奇化,传为老子出关之时应关尹之请即兴著书。司马迁不知老子辞官以后居宋三十八年,也不知老子居宋初期《老子》已经成书,晋人叔向、鲁人孔子均已引用、评论,因而误书为老子出关之时即兴"著书"。

关尹不是老子第一弟子或唯一弟子,入门时间晚于范蠡、文子、庚桑楚、柏矩等老子居宋期间的众多弟子。由于司马迁未言老子其他弟子，又误书老子辞官以后立刻出关往秦，应关尹之请即兴"著书"，后人普遍误以为关尹是老子第一弟子或唯一弟子。

《老子》不可能是老子出关之时的即兴之作，只可能是老子毕生撰著的精心之作，撰写时间是老子在周为官至居宋初期。

《老子》成书以后，迅速流传天下。春秋晚期的叔向、孔子、范蠡等人，已经引用、评论《老子》。战国早期的墨子等人，战国中期的庄子、尹文子、慎到、苏秦、颜斶等人，战国晚期的荀况、吕不韦、韩非等人，广泛引用、评论《老子》（详见附录二：《老子》大事年表）。考古所见的战国中期郭店《老子》，仅是《老子》流传天下的抄本之一。

《老子》标志着先秦道家的诞生，标志着轴心时代的中国哲学突破之实现。《庄子》标志着先秦道家的完成，标志着轴心时代的中国哲学突破之巅峰。没有《老子》，就不可能有《庄子》。

十三　老子死秦，秦佚吊之

老子客居宋国沛邑三十八年，时刻准备叶落归根，返归故乡陈国相邑。由于楚国不断威胁陈国，所以老子被迫长期客居宋国沛邑。假如老子天年将终之时，陈国未被楚国伐灭，老子很可能会叶落归根，至少命其弟子扶柩归葬故里。由于老子天年将终之时,楚国最终伐灭兼并了陈国,老子失去了叶落归根、归葬故里的最后希望,被迫出关往秦。

或问:即使老子"见周之衰"而对东周失望,因楚灭陈而无法返归母邦,老子在楚国灭陈以后,仍然可以终老宋国沛邑,为何却在垂暮之年离开久居之地宋国沛邑,前往中原诸侯普遍鄙视的秦国?

答曰:中原诸侯普遍鄙视秦国,是因为秦国民风古朴不尚"周礼"。老子不鄙视秦国,也是因为秦国民风古朴不尚"周礼"。除此之外,另有更为重要的原因:老子自幼在母邦陈国所闻伏羲传说中,伏羲故乡"成纪"(甘肃天水)、伏羲古都"陈仓"(陕西宝鸡),全都属于秦地。所以老子在楚国灭陈、返乡无望之后,于垂暮之年决定出关往秦,终老于毕生神往的精神故乡。

尤其值得注意的是,自古传说关尹是甘肃天水人,可能也与老子出关寻访伏羲古都、搜罗伏羲传说、探索伏羲之道有关。

老子百岁左右死于秦国,见于《庄子·养生主》:

老聃死,秦佚吊之,三号而出。
弟子曰:"非夫子之友邪?"
曰:"然。"
"然则吊焉若此,可乎?"
曰:"然。始也吾以为至人也,而今非也。向吾入而吊焉,有老者哭之,如哭其子;少者哭之,如哭其母。彼其所以会之,必有不蕲言而言,不蕲哭而哭者。是遁天倍情,忘其所受；古者谓之遁天之刑。适来，夫子时也；适去，夫子顺也。安时而处顺，哀乐不能入也；古者谓是帝之悬解。脂穷于为薪，火传也，不知其尽也。"

《史记·老子列传》说老子"莫知其所终"，甚至说"盖老子百有六十余岁，或言二百余岁，以其修道而养寿也"。汉后道教又把老子神仙化，认为老子长生不死。

梁玉绳《史记志疑》辨之曰："《庄子·养生主》曰：'老聃死，秦失（佚）吊之。'则老子非长生神变莫知其所终者。……释道宣《广弘明集·辨惑篇》序云：'李叟生于厉乡，死于槐里，庄生可为实录，秦佚诚非妄论。'又道宣跋孙盛《老子疑问反讯》篇后云老子：'遁于西裔，行及秦壤，死于扶风，葬于槐里。'《水经注》十九言：'就水出南山就谷，北迳大陵西，世谓之老子陵。'《路史后记》七注：'鄠县柳谷水西，有老子墓。'"

综上所述，老子一生史迹，分为三大时期：青年求道期，中年史官期，老年归隐期。老子一生枢要，则是十三个关键词：生陈，师宋，仕周，答孔（第一次，在周），辞官，居宋，著书，授徒，答孔（第二次，在宋），陈灭，出关，留书，死秦。老子其人的史事，无不符合《老子》其书的宗旨，老子其人是《老子》其书无可置疑的作者。关于老子其人和《老子》其书的一切疑案，无不源于汉武帝的"罢黜百家，独尊儒术"，以及此后两千年历代注家的有意遮蔽或无识淆乱。

结语　老子之道与伏羲之道

本章已证，老子其人与《老子》其书，与伏羲之道息息相关。

老子母邦陈国，是伏羲古都"太昊之墟"。老子出生前，陈国按照伏羲先天八卦建造太昊陵。这是老子晚年撰著《老子》弘扬伏羲之道的最初种子。

老子师事宋人常枞，得传商易《归藏》，得闻"舌柔而存，齿刚而亡"的伏羲泰道。这是老子晚年撰著《老子》弘扬伏羲之道的重要准备。

老子出任东周史官，精通伏羲天文象数易，兼掌夏《连山》、商《归藏》、周《周易》。这是老子晚年撰著《老子》弘扬伏羲之道的职业素养。

孔子赴周问道于老子，"考明堂之则，察庙朝之度"，得见东周太庙金人和《金人铭》，老子教以明堂月令制度、太庙神谕制度的核心理念"人文效法天文，人道效法天道"，"以人合天，顺天应人"。这是老子晚年撰著《老子》弘扬伏羲之道的思想基础。

王子朝争位之乱，导致老子中年辞官。陈国长期面临楚国的兼并威胁，导致老子晚年客居宋国沛邑长达三十八年。这是老子晚年撰著《老子》弘扬伏羲之道，授徒庚桑楚、柏矩、范蠡、文子等人的基本时间。

楚惠王十年、陈湣公二十三年（前479），楚国最终灭陈。老子暮年失去叶落归根、返归母邦的最后希望，遂从长期客居之地宋国沛邑出发，出关往秦。经过函谷关时，被关尹留住。老子感其心诚，出示居宋初期成书的《老子》竹简，允许关尹留下一个抄本。

老子至秦，在上古伏羲族故地得闻大量伏羲传说，得见大量伏羲古风，最后终老于秦，葬于秦地，享年大约百岁。

历史进入战国。孔子的弟子后学游于庙堂，鼓动诸侯变法。老子的弟子后学隐于江湖，弘扬伏羲之道。由于夏商周三代是黄帝族统治伏羲族，所以儒家弘扬的"黄帝之学"始终是显学。老子所处的春秋晚期，以及老子后学所处的战国时代，黄帝族的统治面临崩溃，于是老子开创的道家重新弘扬"伏羲之道"。儒道两家以及从中分化而出的诸子百家之思想争鸣，在战国中期的齐国稷下学宫，融合为"黄老之学"。"黄老"之"黄"，即儒家弘扬的"黄帝之学"。"黄老"之"老"，即道家弘扬的"伏羲之道"。

历代注家中的少数人，已经隐约明白老子之道承于伏羲之道。

两汉之际扬雄按照《老子》"太一""玄之又玄"，撰著《太玄经》，抉发伏羲天文象数易，即言："伏羲氏谓之易，老子谓之道。"（桓谭《桓子新论·闵友》）

唐人陆希声《道德真经传·序》曰："昔伏羲画八卦，象万物，穷性命之理，顺道德之和；老氏亦先天地，本阴阳，推性命之极,原道德之奥,此与伏羲同其元也。"

清人吴世尚《老子宗指序》论之更详:

《老子》曰:"吾言甚易知,甚易行,天下莫能知,莫能行。言有宗,事有君,夫惟无知,是以不我知。知我者希,则我者贵。"夫老氏之言何宗乎?宗我伏羲先天之图,文王六十四卦之象者也。

盖尝观之羲皇手图仪象卦画,四周于外,数及于九百六十有三。而太极则混而为一,而处乎中,是固所谓体用一源,显微无间者也。尧舜自其外而内者言之,故曰"执中"。孔子自其内而外者言之,故曰"一贯"。老子则以内对外而言之,故"以本为精,以物为粗"。虽其歧本末为二致,校体用之重轻,立言未免未莹,然不谓之勘验分明不可也。抑孔子于此偶一言之,而老子则数数言之。故其所称,或谓之道,或谓之玄,或谓之无,或谓之一,以至曰常,曰虚,曰始,曰朴,曰无,曰中,曰母,曰无名,曰玄牝,曰混成,曰恍惚,曰窈冥,曰寂寥,曰无状之状、无象之象,皆所谓有异名,无异指,则唯其于此见之极明,故言之有味而不厌也。又老子深悟图之仪象、卦画,皆有对待、变化、断续、起止,不能知太极之常而已,一而不杂也,故教人返朴归元,致虚守静。静者,文王所以用易之道也。何也?蓍之得卦,六爻不变,则占象辞,象之不全吉,不过数卦,其余则皆吉者。是《连山》、《归藏》

以及文王，其用易皆以静为常，可知老子柔弱慈俭正所谓静之意也。则老子之所宗，实与吾儒无异指也。然先天之图，世既未之见，文易占静，人更未之言。故《老子》曰："无名，天地之始；有名，万物之母。"又曰："归根曰静，知常曰明。"正示人以此理也。况"易有太极"一语，人人习而读之，而究不知其何状也。《老子》曰："有物混成，先天地生。寂兮寥兮，独立而不改，周行而不殆，可以为天下母。"此数语发明太极，真可谓浑沦亲切，和盘托出者矣。即图之层次，除《易》之所云，亦未有晓了直截于《老》之"道生一，一生二，二生三，三生万物"之数言者。……余不敏终身，于《易》得见此图，推以观《老》，则见其所言无非从此流出，遂尽屏诸家之解，而独以其所宗者疏而通之，且更以先天之图图之于前，复取老子之所言吻合于我孔子、周子之所言者，总汇而分注于其下，夫然后此书之理明白切实，平易精约，文义贯通，事情晓畅。……《老子》之大原，出于先天图者也。夫先天图之不传久矣，唯老子说得直恁分明，故遂注而释之，为《易》之一助。

古今名人多爱读《老子》，然实见得大头颅者，嗣宗、康节而已。嗣宗曰：《易》谓之太极，《春秋》谓之元，《老子》谓之道。"康节以老子为知《易》之体，孟子为知《易》之用。此外陆希声依稀近之。希声云："伏羲氏画八卦，象万物，穷性命之理，顺道德之和。老氏先天地，本阴阳，推性命之极，原道德之奥，此与伏羲同其原也。"[1]

尽管阮籍、邵雍、陆希声、吴世尚等人隐约明白老子之道承于伏羲之道，吴世尚更是根据北宋陈抟公之于世的"先天图"（即伏羲太极图）阐释《老子》，但在百年考古大量出土上古伏羲族的伏羲太极图和伏羲六十四卦之前，没有可能论证《老子》初始本的源代码是伏羲太极图，所以他们的模糊阐释全都难以服人。只有在我创立伏羲学，精确解密老子精通的伏羲天文象数易之后，才有可能精确论证《老子》初始本的源代码是伏羲太极图。

附录一　老子生平年表

老子出生前大事		
公元前	春秋纪年	事件
606	周定王元年、陈灵公八年、楚庄王八年	老子出生前三十六年。楚庄王至周，问九鼎轻重。
600	周定王七年、陈灵公十四年	老子出生前三十年。陈灵公与大夫孔宁、仪行父通于夏姬。

---

[1] 吴世尚《老子宗指序》，熊铁基主编《老子集成》第9卷，366、368页，宗教文化出版社2011。

续表

598	周定王九年、陈成公元年、楚庄王十六年	老子出生前二十八年。夏姬之子夏征舒弑陈灵公,楚庄王灭陈,设为楚县。申叔时谏之,复立陈成公。陈国第一次亡国,第一次复国。

青年求道期≈周灵王在位期		
公元前	春秋纪年	事件
570	周灵王二年、陈成公二十九年、楚恭王二十一年	老子生于陈国相邑,一岁。此前已建太昊陵。●陈成公背叛与楚之盟。
569	周灵王三年、陈成公三十年、楚恭王二十二年	老子二岁,在陈。●楚恭王伐陈。陈成公死,楚罢兵。
568	周灵王四年、陈哀公元年	老子三岁,在陈。
567	周灵王五年、陈哀公二年	老子四岁,在陈。
566	周灵王六年、陈哀公三年、楚恭王二十五年	老子五岁,在陈。●楚恭王围陈,复释之。
565	周灵王七年、陈哀公四年	老子六岁,在陈。
564	周灵王八年、陈哀公五年	老子七岁,在陈。
563	周灵王九年、陈哀公六年	老子八岁,在陈。
562	周灵王十年、陈哀公七年	老子九岁,在陈。
561	周灵王十一年、陈哀公八年	老子十岁,在陈。
560	周灵王十二年、陈哀公九年	老子十一岁,在陈。
559	周灵王十三年、陈哀公十年、楚康王元年	老子十二岁,在陈。●伍子胥生于楚。
558	周灵王十四年、陈哀公十一年	老子十三岁,在陈。
557	周灵王十五年、陈哀公十二年	老子十四岁,在陈。

续表

556	周灵王十六年、陈哀公十三年	老子十五岁,在陈。
555	周灵王十七年、陈哀公十四年	老子十六岁,在陈。
554	周灵王十八年、陈哀公十五年	老子十七岁,在陈。
553	周灵王十九年、陈哀公十六年	老子十八岁,在陈。
552	周灵王二十年、陈哀公十七年、宋平公二十四年	老子十九岁,在陈。师事宋人常枞,研习《归藏》。
551	周灵王二十一年、陈哀公十八年、鲁襄公二十二年	老子二十岁,在陈。●孔子生于鲁。
550	周灵王二十二年、陈哀公十九年	老子二十一岁,在陈。
549	周灵王二十三年、陈哀公二十年	老子二十二岁,在陈。
548	周灵王二十四年、陈哀公二十一年、齐庄公六年	老子二十三岁,在陈。●崔杼弑齐庄公。
547	周灵王二十五年、陈哀公二十二年	老子二十四岁,在陈。
546	周灵王二十六年、陈哀公二十三年	老子二十五岁,在陈。
545	周灵王二十七年、陈哀公二十四年	老子二十六岁,在陈。

中年史官期≈周景王在位期		
公元前	春秋纪年	事件
544	周景王元年、陈哀公二十五年、吴王余祭四年、晋平公十四年	老子二十七岁,仕周。●吴公子季札使晋,曰:"晋国之政卒归于赵武子、韩宣子、魏献子之后矣。"

续表

543	周景王二年、陈哀公二十六年、郑简公二十三年	老子二十八岁,仕周。●子产相郑。
542	周景王三年、陈哀公二十七年	老子二十九岁,仕周。
541	周景王四年、陈哀公二十八年	老子三十岁,仕周。
540	周景王五年、陈哀公二十九年	老子三十一岁,仕周。
539	周景王六年、陈哀公三十年、齐景公九年、晋平公十九年	老子三十二岁,仕周。●齐相晏婴使晋,谓叔向曰:"齐之政后卒归田氏。"叔向曰:"晋国之政将归六卿。"
538	周景王七年、陈哀公三十一年	老子三十三岁,仕周。
537	周景王八年、陈哀公三十二年	老子三十四岁,仕周。
536	周景王九年、陈哀公三十三年、郑简公三十年、晋平公二十二年、楚灵王五年	老子三十五岁,仕周。●郑相子产铸刑鼎。晋人叔向反对曰:"民知有辟(避),则不忌于上。"范蠡生于楚。
535	周景王十年、陈哀公三十四年、齐景公十三年	老子三十六岁,仕周。●孙武生于齐。
534	周景王十一年、陈哀公三十五年、楚灵王七年	老子三十七岁,仕周。●楚公子弃疾灭陈,被楚灵王封为陈公。陈国第二次亡国。
533	周景王十二年、陈惠公元年	老子三十八岁,仕周。
532	周景王十三年、陈惠公二年	老子三十九岁,仕周。
531	周景王十四年、陈惠公三年	老子四十岁,仕周。
530	周景王十五年、陈惠公四年	老子四十一岁,仕周。
529	周景王十六年、陈惠公五年、楚灵王十二年	老子四十二岁,仕周。●楚公子弃疾弑楚灵王自立,即楚平王。楚平王立陈惠公,陈国第二次复国。

续表

528	周景王十七年、陈惠公六年	老子四十三岁,仕周。
527	周景王十八年、陈惠公七年	老子四十四岁,仕周。
526	周景王十九年、陈惠公八年	老子四十五岁,仕周。
525	周景王二十年、陈惠公九年	老子四十六岁,仕周。
524	周景王二十一年、陈惠公十年	老子四十七岁,仕周。
523	周景王二十二年、陈惠公十一年	老子四十八岁,仕周。
522	周景王二十三年、陈惠公十二年、郑定公八年、吴王僚五年	老子四十九岁,仕周。●郑相子产死。伍子胥仕吴。
521	周景王二十四年、陈惠公十三年、鲁昭公二十一年	老子五十岁,仕周。●孔子三十一岁,自鲁至周问道于老子。考察明堂、太庙,见太庙金人及《金人铭》。这是老子撰著《老子》的重要触媒。
520	周景王二十五年、陈惠公十四年	老子五十一岁,仕周。●周景王死,王子朝弑兄自立,国人另立周敬王。争位第一年。
519	周敬王元年、陈惠公十五年、吴王僚八年	老子五十二岁,仕周。●争位第二年。吴王僚使公子光伐陈。
518	周敬王二年、陈惠公十六年	老子五十三岁,仕周。●争位第三年。
517	周敬王三年、陈惠公十七年、晋顷公九年、鲁昭公二十五年	老子五十四岁,仕周。●争位第四年。晋卿赵简子问礼于子大叔,子大叔援引郑相子产之言:"夫礼,天之经也,地之义也,民之行也。……协于天地之性,是以长久。"(《左传·昭公二十五年》)这是老子撰著《老子》的直接动机。

续表

	老年归隐期≈周敬王在位期	
公元前	春秋纪年	事件
516	周敬王四年、陈惠公十八年、宋景公元年、楚平王十三年	老子五十五岁,辞官,居宋第一年。●争位第五年,王子朝携籍奔楚。
515	周敬王五年、陈惠公十九年、宋景公二年	老子五十六岁,居宋第二年。
514	周敬王六年、陈惠公二十年、宋景公三年	老子五十七岁,居宋第三年。
513	周敬王七年、陈惠公二十一年、宋景公四年、晋顷公十三年、鲁昭公二十九年	老子五十八岁,居宋第四年。授徒范蠡、文子等人。●晋卿赵简子铸刑鼎。孔子反对曰:"民在鼎矣,何以尊贵?"(《左传·昭公二十九年》)
512	周敬王八年、陈惠公二十二年、宋景公五年、吴王阖闾三年	老子五十九岁,居宋第五年。《老子》成书于此年之前。●孙武仕吴。
511	周敬王九年、陈惠公二十三年、宋景公六年、晋定公元年、韩平子三年、越王允常二十八年	老子六十岁,居宋第六年。●晋人叔向八十岁,与韩平子评论《老子》"天下之至柔,驰骋乎天下之至坚"。范蠡、文种仕越。
510	周敬王十年、陈惠公二十四年、宋景公七年、鲁定公元年	老子六十一岁,居宋第七年。●鲁人孔子,与弟子评论《老子》"以德报怨"。
509	周敬王十一年、陈惠公二十五年、宋景公八年	老子六十二岁,居宋第八年。授徒庚桑楚、南荣趎、柏矩等人。

续表

508	周敬王十二年、陈惠公二十六年、宋景公九年	老子六十三岁,居宋第九年。
507	周敬王十三年、陈惠公二十七年、宋景公十年	老子六十四岁,居宋第十年。
506	周敬王十四年、陈惠公二十八年、宋景公十一年、吴王阖闾九年、楚昭王十年	老子六十五岁,居宋第十一年。●吴王阖闾使伍子胥、孙武伐楚入郢,掘楚平王墓鞭尸。楚昭王出奔随国、郑国。
505	周敬王十五年、陈怀公元年、宋景公十二年、楚昭王十一年、吴王阖闾十年、越王允常三十四年	老子六十六岁,居宋第十二年。●周敬王趁楚乱,派人刺杀王子朝于楚。越趁吴后方空虚伐吴。
504	周敬王十六年、陈怀公二年、宋景公十三年、晋定公八年	老子六十七岁,居宋第十三年。●王子朝之徒复作乱,周敬王出奔晋国。
503	周敬王十七年、陈怀公三年、宋景公十四年、晋定公九年	老子六十八岁,居宋第十四年。●晋定公送周敬王归周。
502	周敬王十八年、陈怀公四年、宋景公十五年、吴王阖闾十三年	老子六十九岁,居宋第十五年。●陈怀公应吴王阖闾之召,朝吴,死于吴。
501	周敬王十九年、陈湣公元年、鲁定公九年、宋景公十六年、郑献公十三年	老子七十岁,居宋第十六年。●孔子五十一岁,任中都宰。郑人邓析卒。
500	周敬王二十年、陈湣公二年、鲁定公十年、宋景公十七年、齐景公四十八年	老子七十一岁,居宋第十七年。●孔子五十二岁,相鲁。齐相晏婴卒。
499	周敬王二十一年、陈湣公三年、鲁定公十一年、宋景公十八年	老子七十二岁,居宋第十八年。●孔子五十三岁,任大司寇。

续表

498	周敬王二十二年、陈湣公四年、鲁定公十二年、宋景公十九年	老子七十三岁，居宋第十九年。●孔子五十四岁，任大司寇兼摄相事。
497	周敬王二十三年、陈湣公五年、鲁定公十三年、宋景公二十年、卫灵公三十八年	老子七十四岁，居宋第二十年。●孔子五十五岁，离鲁至卫，周游列国第一年。
496	周敬王二十四年、陈湣公六年、宋景公二十一年、吴王阖闾十九年、越王勾践元年	老子七十五岁，居宋第二十一年。●孔子五十六岁，周游列国第二年。吴王阖闾伐越而死。
495	周敬王二十五年、陈湣公七年、宋景公二十二年、曹伯阳七年、吴王夫差元年	老子七十六岁，居宋第二十二年。●孔子五十七岁，周游列国第三年，自曹至宋，在沛邑第二次问道于老子。日食，助葬。吴王夫差伐陈。
494	周敬王二十六年、陈湣公八年、宋景公二十三年、吴王夫差二年、越王勾践三年	老子七十七岁，居宋第二十三年。●孔子五十八岁，周游列国第四年。越王勾践欲伐吴，范蠡进谏暗引《老子》："夫勇者，逆德也。兵者，凶器也。争者，事之末也。阴谋逆德，好用凶器，始于人者，人之所卒也。因佚之事，上帝之禁也。"（《国语·越语下》）
493	周敬王二十七年、陈湣公九年、宋景公二十四年	老子七十八岁，居宋第二十四年。●孔子五十九岁，周游列国第五年。

续表

492	周敬王二十八年、陈潜公十年、宋景公二十五年、晋定公二十年	老子七十九岁,居宋第二十五年。●晋卿范氏、中行氏与赵氏冲突,知氏、魏氏、韩氏支持赵氏。苌弘支持范氏,被周敬王流放至蜀,自杀。孔子六十岁,周游列国第六年,过宋,宋司马桓魋恶之,欲杀孔子,孔子微服去。
491	周敬王二十九年、陈潜公十一年、宋景公二十六年、晋定公二十一年	老子八十岁,居宋第二十六年。●晋国六卿内战。孔子六十一岁,周游列国第七年,居陈第一年。
490	周敬王三十年、陈潜公十二年、宋景公二十七年、晋定公二十二年	老子八十一岁,居宋第二十七年。●晋卿赵鞅伐灭范氏、中行氏。孔子六十二岁,周游列国第八年,居陈第二年。
489	周敬王三十一年、陈潜公十三年、宋景公二十八年、吴王夫差七年、楚昭王二十七年	老子八十二岁,居宋第二十八年。●孔子六十三岁,周游列国第九年,居陈第三年。吴伐陈,楚救陈。孔子离陈至楚,叶公礼之。
488	周敬王三十二年、陈潜公十四年、宋景公二十九年	老子八十三岁,居宋第二十九年。
487	周敬王三十三年、陈潜公十五年、宋景公三十年、曹伯阳十五年	老子八十四岁,居宋第三十年。●宋景公灭曹。
486	周敬王三十四年、陈潜公十六年、宋景公三十一年、吴王夫差十年、楚昭王三十年	老子八十五岁,居宋第三十一年。●陈潜公应吴王夫差之召,朝吴,楚惠王怒而伐陈。

续表

485	周敬王三十五年、陈湣公十七年、宋景公三十二年	老子八十六岁,居宋第三十二年。
484	周敬王三十六年、陈湣公十八年、宋景公三十三年、卫出公九年、鲁哀公十一年、吴王夫差十二年	老子八十七岁,居宋第三十三年。●孔子六十八岁,周游列国第十四年,自卫返鲁。曾参、子夏此后入门。吴王夫差诛伍子胥。
483	周敬王三十七年、陈湣公十九年、宋景公三十四年、鲁哀公十二年	老子八十八岁,居宋第三十四年。●孔子答曾参、子夏之问,四次追忆在宋第二次问道于老子。
482	周敬王三十八年、陈湣公二十年、宋景公三十五年、越王勾践十五年、吴王夫差十四年	老子八十九岁,居宋第三十五年。●吴王夫差北伐中原。越趁机伐吴。
481	周敬王三十九年、陈湣公二十一年、宋景公三十六年、鲁哀公十四年、齐简公四年	老子九十岁,居宋第三十六年。●颜回死于鲁。田常弑齐简公,田齐代姜齐。《春秋》绝笔此年。
480	周敬王四十年、陈湣公二十二年、宋景公三十七年、卫出公十三年	老子九十一岁,居宋第三十七年。●子路死于卫。墨子生于宋。荧惑守心,宋景公罪己。
479	周敬王四十一年、陈湣公二十三年、宋景公三十八年、楚惠王十年、鲁哀公十六年	老子九十二岁,居宋第三十八年。●楚惠王灭陈,杀陈湣公,陈国绝祀。孔子死于鲁。
478	周敬王四十二年、宋景公三十九年、秦悼公十三年	老子九十三岁,出关往秦,留书关尹。
477	周敬王四十三年、秦悼公十四年	老子九十四岁,在秦第一年。
476	周元王元年、秦厉共公元年	老子九十五岁,在秦第二年。
475	周元王二年、秦厉共公二年	老子九十六岁,在秦第三年。

续表

474	周元王三年、秦厉共公三年	老子九十七岁,在秦第四年。
473	周元王四年、秦厉共公四年、越王勾践二十四年、吴王夫差二十三年	老子九十八岁,在秦第五年。●越灭吴。范蠡功成身退。
472	周元王五年、秦厉共公五年	老子九十九岁,在秦第六年。
471	周元王六年、秦厉共公六年	老子百岁,在秦第七年。
470	周元王七年、秦厉共公七年	老子死于秦,秦佚吊之。

附录二 《老子》大事年表

《老子》成书之前因、动机、时间上限、时间下限			
时间	地点	人物	事件
前521 老子五十岁	周都洛邑	孔子	孔子自鲁至周问"礼之本"于老子。●是为老子撰著《老子》之前因,证见《老子奥义》第一章。
前517 老子五十四岁	晋都绛邑	子大叔 (游吉)	子产殁后五年,子大叔对赵简子转述先大夫郑相子产之言:"夫礼,天之经也,地之义也,民之行也。……协于天地之性,是以长久。"(《左传·昭公二十五年》)老子撰著《老子》之直接动机,是反驳子产对"礼之本"的阐释,重新定义"天之经,地之义,民之行",重新阐释"协于天地之性,是以长久"。●是为老子撰著《老子》之时间上限,证见《老子奥义》第三章。

续表

时间	地点	人物	事件
前512 老子五十九岁	宋国沛邑	老子	《老子》初始本成书于老子六十岁之前。●为老子撰著《老子》之时间下限，证见《老子奥义》第一章。

《老子》初始本：上经《德经》，下经《道经》			
时间	地点	人物	事件
前511 叔向八十岁	晋都绛邑	叔向	叔向与韩平子评论《老子》"天下之至柔，驰骋乎天下之至坚"。●《说苑·敬慎》，叔向明引《老子》。
前510 孔子四十二岁	鲁都曲阜	孔子	孔子与弟子评论《老子》"以德报怨"。●《论语·宪问》，暗引《老子》。
前536—前448 范蠡生卒年	越都会稽	范蠡	老子弟子范蠡曰："夫勇者，逆德也。兵者，凶器也。争者，事之末也。阴谋逆德，好用凶器，始于人者，人之所卒也。因佚之事，上帝之禁也。"●《国语·越语下》，范蠡暗引《老子》。事在"越王勾践即位三年"（前494），范蠡四十三岁。
前479后 楚灭陈后	函谷关	关尹	老子出关往秦，留书关尹。●《老子》成书三十余年之后。
战国初期	地点不详	文子	老子弟子所著《文子》大量引用、评论《老子》。
前480—前390 墨子生卒年	宋都商丘	墨子	墨子曰："故《老子》曰：'道冲，而用之有弗盈也。'"●《太平御览·兵部五十三》引《墨子》，墨子明引《老子》。不见今本《墨子》。

续表

前369—前319 魏惠王在位年	魏都安邑	魏惠王	《老子》曰："圣人无积,尽以为人,己愈有;既以与人,己愈多。"●《战国策·魏策一·魏公叔痤为魏将》,魏惠王明引《老子》。事在魏惠王八年(前363),其时尚未迁都大梁。
前369—前286 庄子生卒年	宋国蒙邑	庄子	《庄子》大量引用、评论《老子》。
前350—前285 尹文子生卒年	齐都临淄	尹文	《老子》曰："道者万物之奥,善人之宝,不善人之所宝。……以政治国,以奇用兵,以无事取天下。……民不畏死,如何以死惧之。"●《尹文子》三次明引《老子》。
前350—前284 苏秦生卒年	楚国郢都	苏秦	苏秦说楚威王曰："臣闻:治之其未乱也,为之其未有也。"●《史记·苏秦列传》(《战国策·楚策一·苏秦为赵合从说楚威王》同),苏秦暗引《老子》。
前350—前275 慎到生卒年	楚国郢都	慎到	楚顷襄王太傅、赵人慎到死,葬入湖北荆州(楚国郢都)郭店一号墓,随葬《老子》摘抄三种,以及老子后学阐释《老子》的《太一生水》。●战国中期《老子》初始本之考古实证。1993年出土。
前319—前301 齐宣王在位年	齐都临淄	颜斶	《老子》曰："虽贵,必以贱为本;虽高,必以下为基。是以侯王称孤、寡、不穀,是其贱之本与?"●《战国策·齐策四·齐宣王见颜斶》,颜斶明引《老子》。

续表

前313—前238 荀况生卒年	赵都邯郸	荀况	《荀子·天论》:"老子有见于诎,无见于信。"●荀况评论《老子》。
前290—前235 吕不韦生卒年	秦都咸阳	吕不韦	《吕氏春秋·制乐》:"故祸兮福之所倚,福兮祸之所伏。"●吕不韦暗引《老子》。
前280—前233 韩非生卒年	韩都新郑	韩非	《韩非子》之《解老》《喻老》,阐释《老子》。●韩非大量明引、评论《老子》。
战国晚期	楚国某地	鹖冠子	《鹖冠子·世兵》:"祸乎福之所倚,福乎祸之所伏,祸与福如纠缠。浑沌错纷,其状若一,交解形状,孰知其则。芒芒无貌,唯圣人而后决其意。"《鹖冠子·备知》:"故为者败之,治者乱之。"●鹖冠子暗引《老子》。
前206—前202 楚汉之际	楚地彭城	项羽妾	项羽妾死,葬于彭城(原为宋国沛邑),随葬《老子》。北齐后主高纬武平五年(574)彭城人盗掘得之,为唐初傅奕版《老子》之祖本。唐后亡佚。●楚汉之际《老子》初始本之考古实证。
前200—前168 贾谊生卒年	长沙国	贾谊	《新书·审微》:"老聃曰:'为之于未有,治之于未乱。'"《新书·退让》:"《老子》曰:'报怨以德。'"●贾谊明引《老子》。
前179—前122 刘安生卒年	淮南国	刘安	《淮南子》大量明引、评论《老子》。

续表

时间	地点	人物	事件
前169—前110 司马谈生卒年	汉都长安	司马谈	《论六家要指》:"道家使人精神专一,动合无形,赡足万物。其为术也,因阴阳之大顺,采儒墨之善,撮名法之要,与时迁移,应物变化,立俗施事,无所不宜,指约而易操,事少而功多。"●司马谈评论《老子》。
前145—前90 司马迁生卒年	汉都长安	司马迁	《史记·老子列传》:"老子乃著书上下篇。"
西汉早期	长沙国	利苍子	长沙国相利苍之子死,葬入长沙马王堆三号墓,随葬《老子》帛甲本、帛乙本和《黄帝四经》。●西汉早期崇尚"黄老"及《老子》初始本之考古实证。1973年出土。
西汉中期	地点不详	不详	西汉中期汉简本《老子》:上经《德经》四十四章,下经《道经》三十三章。●西汉中期《老子》初始本之考古实证。民间盗掘,2009年入藏北京大学。
西汉晚期	四川成都	严遵	《老子指归》:上经《德经》四十章(今存),下经《道经》三十二章(今佚)。●西汉晚期《老子》初始本之文献实证。

《老子》传世本:上经《道经》,下经《德经》			
时间	地点	人物	事件
西汉晚期	汉都长安	刘向	编定官方钦定本《老子》:上经《道经》三十七章,下经《德经》四十四章。●《老子》传世本之祖本。

续表

东汉晚期	地点不详	河上公	河上公《老子注》：上经《道经》三十七章，下经《德经》四十四章。●《老子》传世本之第一主流传世本。
三国魏	魏都洛阳	王弼	王弼《老子注》：上经《道经》三十七章，下经《德经》四十四章。●《老子》传世本之第二主流传世本。
唐代初期	唐都长安	傅奕	傅奕《老子古本篇》以项羽妾冢本为底本，据河上本、王弼本而颠倒上下经：上经《道经》三十七章，下经《德经》四十四章。●《老子》传世本之第三主流传世本。
唐代	甘肃敦煌	张道陵	敦煌藏经洞东汉张道陵《老子想尔注》抄本残卷：上经《道经》三十七章（今存），下经《德经》四十四章（今佚）。●《老子》传世本之第四主流传世本。现藏大英博物馆，斯坦因编目6825号。
唐代以降	全国全球	注家	唐后《老子》传世本注本：上经《道经》三十七章，下经《德经》四十四章。

第二章

庄子其人与《庄子》其书

弁言　战国纪年，错讹无穷

研究战国诸子思想，必先了解诸子共处的战国时代。进而了解诸子之母邦，诸子之个人生平及其思想源流，乃至师友、论敌之母邦，师友、论敌之生平及其思想源流。

秦灭六国之后，尽焚六国史书。司马迁著《史记》时，战国史仅有依据《秦纪》的秦国纪年基本无误，六国纪年只能据《秦纪》推断。除周室纪年、楚国纪年也基本无误外，其余五国纪年纪事错讹无穷。司马迁排比魏、齐、赵、韩、燕五国纪年纪事时，有时改了《魏世家》，却忘了与《赵世家》《韩世家》统一，导致五国《世家》互相冲突。有时统一了《齐世家》《燕世家》，却忘了与《六国表》统一，导致五国《世家》与《六国表》成为错进错出、难以兼容的两个系统。由于牵一发必动全局，司马迁甚至会根据错误排定的五国纪年，把周、秦、楚的正确纪年纪事改为错误纪年纪事。

这一巧妇难为无米之炊的窘况，本该在西晋太康年间汲冢出土魏国编年史《竹书纪年》之后迎刃而解，可惜此书又于两宋间亡佚。尽管亡佚前唐人司马贞的《史记索隐》，已依据《竹书纪年》对《史记》的战国纪年稍加厘正，但一来厘正极不完备，二来《竹书纪年》止于"今王（魏襄王）二十年（前299）"，因此战国史至今一团乱麻。虽经诸多学者殚精竭虑考订勘误，如陈梦家《六国纪年》，钱穆《先秦诸子系年》，方诗铭《中国历史纪年表》等，至今仍多异说。《辞海》所附《战国纪年表》，既代表学界主流观点，又进一步影响学界主流观点；参考综合了差别极大、均有错讹的各家系统，遂成错讹之集成。《辞海》1999版的《战国纪年表》，对1979版做了一些改动，然而有时纠正了前者之错，有时反将原本不错者改错，有时两者相同而皆错，有时两者相异而皆错。

战国纪年的错讹，使系于战国纪年的诸子生平也扑朔迷离，进而导致诸子学说研究也陷入困境。不少治庄者都用错讹的纪年纪事证明其臆测，由于因果颠倒，师承失序，敌友不分，其所阐释的庄学义理距庄学真义甚远。专治其他诸子者亦然。多数治庄者回避了纪年纪事错讹淆乱的莫大难题，在不了解庄子生平及其学说背景、著书隐曲的情况下，望文生义地妄解臆说，导致庄子与其时代完全脱钩，成了不食人间烟火的形而上学。

我为了读懂《庄子》而研究战国史及诸子学二十五年，对任何疑难都不敢回避，稍欠把握就不敢动笔。在充分借鉴前人研究成果的基础上，我理顺了战国时代十九个主要诸侯国的纪年，重点理顺了不属"战国七雄"但研究《庄子》无法回避的宋国史和中山国史。我考定的战国纪年，与学界主流观点差别极大。

研究庄学，必先了解战国大势与庄子生平，弄清庄子为何要这么写，究竟在说什么。

第二章　庄子其人与《庄子》其书

一　庄子宋人，宋王暴君

前369年，宋桓侯（前380—前340在位）十二年[1]，庄周生于宋国蒙邑[2]。

前340年，庄子三十岁，宋戴公后裔戴剔成弑杀宋桓侯篡位（前340—前338在位），当年改元。

前338年，庄子三十二岁，戴剔成之弟宋君偃逐兄篡位，翌年改元。剔成奔齐，无谥，史称宋剔成君。

前328年，庄子四十二岁，宋君偃继齐、魏之后，成为第三个称王的战国诸侯。称王前在位十年，称王后在位四十二年，总计在位五十二年（前337—前286）。《史记·宋世家》误为四十七年（前332—前286），《史记·六国表》误为四十三年（前328—前286）。

宋王偃是中华历史上屈指可数的暴君，《吕览·淫辞》记其邪恶残暴：

---

[1]《史记·宋世家》："休公田二十三年卒，子辟公辟兵立。"《宋世家索隐》："《纪年》作：桓侯，璧兵。"璧通辟。宋桓侯，名辟兵。《史记》不知其谥，误称为"辟公"。

[2]《史记》仅说庄子是"蒙人"。高诱《吕览·必己》注、《淮南子·修务训》注均曰："庄子名周，宋之蒙人也。"司马贞《史记索隐》引刘向《别录》、皇甫谧《高士传》同。

宋王谓其相唐鞅曰:"寡人所杀戮者众矣,而群臣愈不畏,其故何也?"

唐鞅对曰:"王之所罪,尽不善者也;罪不善,善者故为不畏。王欲群臣之畏也,不若无辨其善与不善而时罪之,若此则群臣畏矣。"

居无几何,宋君杀唐鞅。[1]

《史记·宋世家》记其因残暴荒淫而国灭身死:

君偃十一年(按:误后一年。当为十年称王,翌年改元),自立为王。东败齐,取五城;南败楚,取地三百里;西败魏军,乃与齐、魏为敌国。盛血以韦囊,悬而射之,命曰"射天"。淫于酒妇人。群臣谏者辄射之。

于是诸侯皆曰"桀宋":"宋其复为纣所为,不可不诛。"告齐伐宋。王偃立四十七年(按:误少五年),齐湣王与魏、楚伐宋,杀王偃,遂灭宋而三分其地。

宋王偃向齐、魏两强挑战,由盛转衰的魏国已无力惩戒,魏在齐、秦东西夹击之下,自保不暇,而且未能保住其属国中山。齐国却不肯坐视,前286年,齐湣王灭宋。宋王偃出奔魏,卒

---

[1] 参阅拙著《寓言的密码》二十九章《言论是否永远无罪——唐鞅招杀》。

于魏之温城[1]，谥康。史称宋康王。

齐之灭宋，得魏、楚出兵相助，故魏、楚得以瓜分宋地。庄子于宋灭之年物化，死后蒙邑归楚。因而后世有异说，误传庄子为楚人，成为进窥庄学奥义的一大障碍。

从三十二岁到八十四岁，庄子在宋康王暴政阴影之下，生活了整整五十二年。宋康王是宋国史唯一之王。《庄子》乃至一切古籍所称"宋君偃""宋王偃""宋偃王""宋康王""宋王"，均指同一暴君。研究庄学，不能不了解暴君宋康王，更不能不了解庄子的特殊著书方式，与宋康王之残暴有莫大关系。

庄子著书，既要避免母邦暴君宋康王诛杀其身并剿灭其书，又要预防后世暴君剿灭其书，不得不支离其言，晦藏其旨。因此《人间世》曰："方今之时，仅免刑焉。"《德充符》曰："游于羿之彀中，然而不中者，命也。"《大宗师》曰："终其天年而不中道夭者，是知之盛也。"

二　宋君称王，战国第三

宋康王是第三个称王的战国诸侯，仅次于齐、魏两雄，而早于秦、赵、韩、燕四雄。

东周诸侯称王，楚、吴、越最早，都在春秋时代，均非中原

---

[1] 参见《史记·魏世家》魏昭王十年。

诸侯。入春秋后,周室积弱渐衰,中原诸侯仍奉周天子为天下共主,仅限争霸,不敢称王。霸主无不率领附从诸侯"尊王攘夷"。

春秋末期,晋之六卿争长,直至魏、赵、韩三家分晋。前481年,田成子弑齐简公,田齐遂篡姜齐。孔子请求鲁哀公征伐田齐,未果。两年后(前479),孔子去世。入战国后,周室益衰。前403年,周威烈王(前435—前402在位)不得不承认三家分晋的既成事实,正式册封魏、赵、韩为诸侯。前380年,周安王(前401—前376在位)应魏武侯之请,又不得不承认田齐篡姜齐的既成事实,正式册封田齐为诸侯。从此周室仅存象征性权威,中原诸侯才先后称王,打破"王天下"格局。

战国初期,魏文侯(前445—前396在位)率先任用李悝为相,实行变法;又任用卫人吴起、中山人乐羊为将,拓展疆土。前408年至前406年,担任魏将的中山人乐羊,伐灭母邦白狄中山。中山国从此成为魏国别封,即魏属中山。魏之国威大振,史称"强魏"。魏虽在战国初期称霸中原,但未敢称王。

随后楚悼王(前401—前381在位)任用魏文侯死后遭魏武侯(前395—前370在位)排斥、自魏至楚的卫人吴起为相,实行变法。称霸南蛮,史称"强楚"。楚自春秋以来,继续称王中原之南。

随后秦孝公(前361—前338在位)任用被魏惠王轻视、自魏至秦的卫人公孙鞅为相,实行变法。称霸西戎,史称"暴秦"。秦虽称霸中原之西,但未敢称王。

魏惠王(前369—前319在位)继其祖魏文侯、其父魏武侯之后，继续为中原最强，起初碍于"王天下"的中原固有格局，仍未敢称王。

前353年齐、魏桂陵之战，齐初胜中原最强之魏。齐威王（前357—前320在位）遂冒天下之大不韪，率先称王。其后齐、魏形成均势，继续争霸中原。前341年齐、魏马陵之战，齐再胜魏。从此齐强于魏，成为秦与诸侯共谋弱之的中原最强国。前340年，秦相公孙鞅领兵攻魏，因功封于商邑（今陕西商洛市丹凤县古城村），史称"商鞅"。

魏惠王被齐、秦两强东西夹攻而无力反击，马陵之战后任用主张"偃兵"的宋人惠施为相，与齐和解。前335年，魏相惠施、齐相田婴主持，魏惠王与齐威王在齐地徐州会盟，相互承认称王事实，史称"徐州相王"。魏惠王成为继齐之后第二个称王的中原诸侯，翌年（前334）改元。周天子的象征性权威，从此也荡然无存。

宋君偃称王之年（前328），秦惠王（前337—前311在位）任用魏人张仪为相，第四年（前325）称王，翌年（前324）更元。秦惠王称王后二年（前323），曾与张仪在秦国争事秦惠王失利的魏人公孙衍[1]，与魏相惠施结为死党，共同游说魏惠王建立中原诸侯"合纵"联盟，与齐、秦两强抗衡。魏惠王在魏都大梁主持了赵、燕、中山称王，与秦惠王同年称王的韩宣惠王

---

[1] 公孙衍字犀首，时人称"犀首"而不名。曾任韩相。"合纵"首倡者，与"连横"首倡者张仪齐名。《史记》以降，误传苏秦为"合纵"首倡者两千年，至1973年长沙马王堆《战国纵横家书》出土始明。

也应邀与会,五国相互承认称王事实,史称"五国相王"。《史记·鲁世家》曰:"景公二十九年(前323)卒,子叔立,是为平公。是时六国皆称王。""五国相王"是最后一次"王"号大派送。"王"号通货膨胀,导致极度贬值。此后再无诸侯称"王",已成强魏附庸的卫从未称"王"。[1]

前353年齐在中原率先称王之年,庄子十七岁。前323年六国皆称王之年,庄子四十七岁。三十年间,庄子亲历"王天下"分崩离析的完整过程,身处"礼崩乐坏"的极度乱世。庄子母邦,摊到了残暴至极又在位甚久的宋康王。庄子本人,抽到了毕生与之共始终的下下签。

三　中山称王,灭于赵国

战国诸侯称王,有两国不在"战国七雄"之列:中山与宋。因此西汉刘向编定的《战国策》,除了为七雄各开专章,另有《中山策》《宋卫策》两章。

齐威王对老牌霸主魏国继齐之后称王尚能容忍,对宋继齐、魏之后称王却难以容忍,而对中山在"五国相王"中称王尤其震怒。《战国策·中山策》曰:"中山与燕、赵为王,齐(威王)

---

[1] 魏、卫音同,称述不便。故前365年魏惠王为避秦锋而从安邑迁都大梁之前,魏别称"晋"(赵、韩弱于魏,不得袭晋号),此后别称"梁"。

比关不通中山之使,其言曰:'我万乘之国也,中山千乘之国也,何侔名于我?'"[1]

赵武灵王对中山称王的愤怒远甚于齐威王。因为前475年,赵襄子伐灭古之代国,但代国与赵国南部本土中隔白狄中山,无法并入版图,代郡遂成赵国的北部飞地。前406年,魏文侯伐灭白狄中山,但中山与魏国南部本土中隔赵国,无法并入版图,遂封幼子魏挚于中山,中山遂成魏国的北部飞地。代郡、中山、赵国、魏国,由北至南交错。魏无力灭赵连接版图,赵蓄意灭中山打通版图。

魏属中山从未被周室正式册封为诸侯,却凭借与魏同宗,在"五国相王"中直升为"王"。魏惠王组建"合纵"联盟,同时魏氏一宗两王,风头重新盖过强齐。齐威王不承认中山称王,仅是对强魏的象征性敲山震虎,但因五国结盟,并未征伐中山。

赵武灵王(前325—前299在位)即位两年之后,被迫参与"五国相王"。由于魏属中山横亘赵国腹心而不愿与魏属中山结盟,同时拒绝使用"王"号。《史记·赵世家》曰:"五国相王,赵(武灵王)独否,曰:'无其实,敢处其名乎?'令国人谓己曰'君'。"

赵武灵王十九年(前307),实行"胡服骑射"变法,开始

---

[1] 魏、韩均于"五国相王"前称王,故齐威王仅提初称王的燕、赵、中山。燕为姬姓旧侯,赵为战国新侯,中山为战国新侯魏之别封,资历有差,档次有异。

征伐"盟国"魏属中山。赵武灵王二十七年（前299），禅位年仅十二岁的嫡长子赵惠文王赵何（前298—前266在位），自号"主父"，亲自领兵于赵惠文王三年（前296）伐灭魏属中山，国威大振。继战国初期之强魏、战国中期之强齐之后，成为战国后期的中原最强国，史称"强赵"。

魏属中山，共有三王，即中山先王（前327—前310在位）、中山嗣王（前309—前301在位）、中山后王（前300—前296在位）。参与"五国相王"的中山先王魏䚉，是魏属中山开国之君魏挚（魏文侯幼子、魏武侯幼弟）之孙，魏文侯重孙，魏武侯侄孙，魏惠王族侄，魏襄王同辈。庄子学派重要人物魏牟（前320—前240），是中山先王庶子，魏文侯四世孙，魏武侯重侄孙，魏挚重孙，魏惠王族侄孙，魏襄王族侄。中山后王五年，魏襄王二十三年，赵武灵王伐灭中山。中山后王魏尚纳土降赵，被赵武灵王贬为庶民。魏襄王未能保住同宗别封魏属中山，愧对父祖，羞愤而死。

四　宋国称王，灭于齐国

前481年田齐篡姜齐，在恪守"王天下"旧格局的中原，因名不正言不顺而遭到中原诸侯、诸子鄙视。直到齐威王击败强魏成为战国中期中原最强国，诸侯、诸子才不得不仰视齐国。痛恨"乱臣贼子"的大儒孟子、荀子，均先后游仕孔子力主征伐的田齐，成为稷下学宫的客卿。孟子任列大夫，荀子三为祭酒。但庄子终生未履紧邻宋国的齐地，痛诋田齐为僭窃"仁义"的窃国"大盗"。

齐威王死后四年（前316），燕王哙（前320—前316在位）崇信儒墨长期鼓吹的"尧舜禅让"，禅位燕相子之（前315—前314在位）。三年后燕国大乱，当时游仕齐国且"言必称尧舜"的孟子，竟然怂恿齐宣王（前319—前301在位）趁机伐燕。齐之伐燕，导致燕王哙死，子之逃亡，燕国两年（前313—前312）无君，几乎灭国。"合纵"诸侯共谋伐齐存燕，齐才被迫撤兵。赵武灵王派赵将乐池领兵，护送在韩国做质子的燕公子职回国继位，是为燕昭王（前311—前279在位）。燕昭王为复齐仇，准备了整整二十八年，筑黄金台召贤，中山人乐毅、周人苏秦、齐人邹衍等列国士人纷纷往燕担任客卿。苏秦为报燕昭王厚恩，请缨出使齐国行使反间，信誓旦旦对齐湣王（前300—前284在位）保证燕永不反齐，骗得信任并获重用，遂留齐担任客卿，竭力怂恿齐湣王伐宋，为燕创造复仇机会。

宋康王东败齐，南败楚，西败魏，拓地三百里，久与强齐、强魏、强楚为敌。齐国伐宋，魏、楚出兵相助。秦国坐山观虎斗，希望中原最强的齐国，因伐宋而师劳力疲。为了促成齐湣王伐宋，前288年秦昭王用秦相魏冉（封穰侯）之策，与齐湣王互尊为"东帝""西帝"。然而迫于诸侯压力，月余即各自撤销"帝"号。宋为商朝遗邦，作为周朝同宗后裔或周朝功臣后裔的各大诸侯，均未救援，坐视其亡。前286年齐灭宋后，秦国立刻改变战略。其余诸国担心齐国坐大,进而危及自身,遂共谋弱齐。

齐灭宋两年之后的前284年,担任燕将的中山人乐毅(为魏伐灭母邦的中山人乐羊后裔)率六国联军攻齐。六国兵至,齐湣王始悟苏秦为燕谋齐,遂车裂苏秦,出逃至莒,被楚将淖齿杀死。乐毅占领齐大半国土六年,导致齐六年(前283—前278)无君,几乎灭国。前279年燕昭王卒,继位的燕惠王(前278—前272在位)为储君时与乐毅有隙,遂命骑劫代替乐毅为将。乐毅从齐逃亡至赵。前278年,齐将田单在孤城即墨以火牛阵反攻,收复失地,扶佐齐襄王(前277—前265实际在位)复国。然而强齐从此一蹶不振,无力再与暴秦抗衡,强赵遂被推上了抗秦最前线。

五 诸侯称王,秦王称帝

前269年秦、赵阏与之战,赵将赵奢大败秦军。前258年秦、赵长平之战,赵孝成王误用赵相平原君之策,以"纸上谈兵"的赵奢之子赵括代替廉颇为将,导致赵军断粮并战败投降。四十余万赵军降卒,被秦将白起全部坑杀。赵国壮丁为之一空,再也无力阻止秦兵东进。此后秦灭六国只是时间问题,再无悬念。

长平之战次年(前257),秦兵进围赵都邯郸。齐人鲁仲连正在"围城"之中,阻止了赵、魏等国情急之下欲尊秦王为"帝"

促其撤兵之策。史称"鲁仲连义不帝秦"。前256年，魏之信陵君、楚之春申君领兵救赵，邯郸围解。平原君欲接受其侄赵孝成王增赏封地，被长期供养的公孙龙谏阻。公孙龙由此得罪平原君。稍后孔子六世孙孔穿从鲁至赵，前中山公子魏牟从秦至赵，齐人邹衍从齐至赵，分别对平原君猛烈诋毁公孙龙，平原君黜退公孙龙。不久，平原君（前308—前252）、公孙龙（前325—前250）相继去世。

战国中期诸侯纷纷僭称"王"号，导致了五大结果，无不与庄子撰著"内七篇"及其理解命运具有重大关系。

其一，诸侯称"王"导致战国中后期的封君或卿相，也水涨船高地僭称"公"。庄子不承认俗君为"王"，认为有德无位的"至人"才是真"王"，谓之"王德之人"，弟子后学谓之"素王"。这对理解《应帝王》篇名之"王"及全部庄学，至关重要。

其二，秦昭王与齐湣王不愿与称"王"诸侯平起平坐，一度于前288年僭称"西帝""东帝"。庄子时年八十二岁，亲见此前仅用于天神的"帝"号被人间君主僭用。这对理解《应帝王》篇名之"帝"及全部庄学，至关重要。

其三，称"王"诸侯无不变法。变法的实质是实行富国强兵、拓展疆土的军国主义，因此六国称"王"之后，逐鹿中原的血腥战争更趋白热化。交战双方兵力，合计常近百万，死伤数万乃至数十万，在同时期全球视野内绝无仅有。直到两千多年后冷兵器时代终结，高效率杀伤武器问世，纪录才被打破。这对理解"内七篇"尤其是《德充符》中充满刑余、肢残之人，至关重要。

其四,东周称"王"诸侯,共计十一国:楚,吴,越;齐,魏,宋,秦;韩,赵,燕,中山。越灭吴,楚灭越,赵灭中山,齐灭宋,剩余七王,即"战国七雄"。秦王嬴政灭六国,即杜牧《阿房宫赋》所言"六王毕,四海一"。卫国因未称"王",直到前209年卫君角死后,才被秦二世胡亥取消国号。

其五,一统天下的秦王嬴政,既不满足于像商、周那样称"王",也不满足于已被秦昭王、齐湣王一度用过的"帝"号,因而兼用儒墨竞相鼓吹的"三皇五帝",号曰"皇帝",开启了长达2132年的中华帝国史,永为世界纪录。庄子对君主专制的超前批判和惊人预见,因而长期有效,永垂不朽。

六　宋王篡位,庄子弃职

简述战国大势之后,再略述庄子生平及相关诸子生平概要。

宋康王逐兄篡位之年(前338),庄子三十二岁。此前,庄子在其故乡蒙邑担任漆园吏,是其近距离观察君主专制运作方式及其悖道本质的重要经历。

庄子亲传弟子蔺且所撰《外篇·山木》记载,有一天庄子在雕陵的栗园里游玩,看见一只异鹊从南方飞来,翼展七尺,眼大一寸,翅膀扫过庄子额头,停息在栗树林里。

庄子说:"这是什么鸟啊?翅膀很长却不能飞远,眼睛很大却视力不佳。"提起衣角快步跟去,手持弹弓留意其举动。看见一只蝉,正躲在树叶荫蔽下纳凉而忘了真身。一头螳螂在树叶遮蔽下正伺机捕蝉,由于将有所得而忘了真形。而那只异鹊正准备捕杀螳螂,因为将获其利而忘了真性。

庄子惊叹说:"唉!万物原本互相牵累,每一物类均会招致更强物类的捕杀。"于是扔掉弹弓转身就跑,结果招来了疑心庄子偷摘栗子的守园人追赶斥骂。

庄子回到家里,三天心情不好。

蔺且问:"夫子为何这几天心情不好?"

庄子说:"我只知守护肉身,反而忘了真身。我习惯了在浊水之中认知肉身,在清泉之中看见真身反而感到迷惑。况且我早已听老师说过:'沉溺俗世之中,就会盲从俗见。'如今我在雕陵游玩就忘了真身,那只异鹊的翅膀扫过我的额头令我惊醒。我在栗林里游玩又忘了真性,栗林守园人还怀疑我偷窃而侮辱了我,因此我心情不好。"

"异鹊"似为《逍遥游》大鹏的生活原型。据此概括的成语"螳螂捕蝉,黄雀在后",把"异鹊"改为"黄雀",导致异鹊与大鹏的关系隐而不显。蔺且是唯一确知的庄子弟子。《山木》当为蔺且所撰,所以自书其名,与庄子在《齐物论》中自书其名相同。这是古人著书的署名方式。

《外篇·山木》的"材与不材"故事,与《内篇·人间世》主旨吻合。这一故事当属弟子蔺且亲见亲闻,而非寓言。庄子一方面有感于"物固相累,二类相召",另一方面适逢母邦发生宋康王逐兄篡位的宫廷政变，因此不愿继续依附专制庙堂。《人间世》曰："漆可用，故割之。人皆知有用之用，而莫知无用之用也。"必与庄子一度供职漆园有关。由于不愿像漆树那样任人宰割，庄子遂弃漆园之职。弃职后曾西游魏，东游鲁，南游楚，北游赵。广泛的游历见闻，使他对天下专制制度有了无人能及的深刻洞察。

弟子后学所撰"外杂篇"记载，庄子娶过妻，生过子。其妻先他而死，子嗣隐逸无闻。庄子居于陋巷，编织草鞋；钓鱼授徒，逍遥江湖。在其漫长一生中，庄子与"天之君子，人之小人"相交相知，对于民间疾苦感同身受。这是仅知钻营庙堂、逢迎君主的其他诸子不可能做到的。没有一部先秦子书，如此广泛涉及鸟兽虫鱼。没有一位先秦诸子，如此谙熟洞悉百工技艺。这是仅知钻营庙堂、逢迎君主的其他诸子不可能具备的，因此司马迁赞扬庄子"其学无所不窥"。

七　寓言讽世，痛诋专制

寓言是"内七篇"的最大特色和文本主体，但是寓言并非庄子苦心构思才可能有。生活中的庄子，面对猝然遭遇的外境外物，均能不假思索地立刻用寓言予以嘲谑反讽，口才便捷，张嘴即来。

庄子在宋康王篡位以后辞去漆园吏，安贫乐道，滑稽放言；

寓言讽世，痛诋专制。从"外杂篇"记载的庄子言论来看，庄子撰文时尽管支离其言，晦藏其旨，生活中却极为敢言，毫无畏惧。

庄子亲传弟子蔺且所撰《外篇·曹商》[1]，记载了庄子对宋康王的评论：

有人游说宋康王，得到十乘马车的赏赐，以此向庄子炫耀。庄子说："河边有人家贫，靠编织苇席维生。儿子潜入深潭，采得千金宝珠。其父对儿子说：'拿石头把宝珠砸了！那千金宝珠，必定藏在九重深渊，而且含在黑龙嘴里。你能采到宝珠，必定恰逢黑龙打瞌睡。倘若黑龙醒着，你怎能侥幸得手？'如今宋国的水深火热，决非深渊可比。宋王的凶猛暴虐，也非黑龙可比。你能得到马车，必定恰逢宋王打瞌睡。倘若宋王醒着，你就粉身碎骨了。"

庄子深知，宋康王一旦明白庄学奥义，自己必将粉身碎骨。庄子又预知，后世"宋康王"一旦明白庄学奥义，其书必将片简无存。

或许有人会想：庄子生不逢时，母邦君主恰为暴君。倘若宋君是儒家倡导的仁义明君，或许庄子也会出仕？战国时代的无数士人确实都"有奶便是娘"地游仕异国，但是庄子并未"楚

---

[1]《外篇·曹商》为郭象所删刘安版《庄子》五十二篇本的十九篇"外杂篇"之一，不见于郭象版《庄子》三十三篇本。本书"外篇""杂篇"的分类及其篇目，均从张远山《庄子复原本》，多与郭象版《庄子》（即除《庄子复原本》以外的一切《庄子》注本）不同，下不另注。

材晋用"地游仕异国。《外篇·曹商》记载的另一则故事，足证庄子轻视俗世功名，粪土庙堂富贵，与所遇君主是否"明君"无关。

有个宋人叫曹商，宋康王派他出使秦国。使秦之前，宋康王给他十乘马车。到秦之后，曹商博得秦王欢心，获赐马车百乘。返宋之后，曹商嘲讽庄子："住在偏远狭窄的陋巷，窘困地编织草鞋，脖子枯槁如树枝，耳朵蜡黄像死人，我不擅长。见一次万乘大国的君主，随从马车就变成百乘，我很擅长。"

庄子立刻反击："秦王得了痔疮请医生，能挤破痔疮消除脓肿的，赏车一乘。肯用舌头舐舐痔疮让他杀痒舒服的，赏车五乘。治疗的方式越下贱，赏赐的马车越丰厚。你大概替秦王狂舐痔疮了吧？否则怎会赏车如此之多？去你的吧！"

庄子与专制制度强硬不合作，既不出仕母邦，也不游仕异国，而且对取富贵于母邦异国者，均予猛烈批判和无畏嘲笑。庄子认为，无论母邦还是异国，当时的整个天下都是专制制度。他既不愿被专制君主役使，更不愿对专制庙堂屈服。

生活中的庄子，无所顾忌地痛斥宋国庙堂为"九重之渊"，无所畏惧地抨击宋康王"猛过骊龙"，因此他用支离其言、晦藏其旨的特殊方式撰写"内七篇"，决非出于胆怯，而是为了传道于后世，使崇尚自由、批判专制的不朽思想传之久远。

八　终身不仕，以快吾志

与庄子同国同时声名最著的宋人，是年长庄子十一岁的墨家信徒兼名辩大师惠施，游魏成为客卿，长期担任魏相，辅佐一代霸主魏惠王。

《外篇·秋水》记载，庄子辞去漆园吏以后，曾经西游魏都大梁，往访同国大贤惠施。惠施或许早已听说母邦宋国出了一位奇人庄周，其左右又妄加猜度地进谗："庄子来大梁，恐怕是欲谋魏国相位。"

惠施担心起来，派人在大梁城里搜捕庄子三天三夜。庄子到大梁后，并未急于拜见惠施，而是四处游历，了解魏国民风。听说惠施正在搜捕他，就直接去见惠施，又即兴开讲寓言："南方有鸟，名叫鹓鶵，你听说过吗？鹓鶵从南海飞到北海，不是梧桐就不停，不是楝实就不吃，不是甘泉就不喝。有只猫头鹰得到一只腐烂的死鼠，正好鹓鶵从它头顶飞过，就仰头向天大喊一声：吓！莫非你也想用你的魏国相位来吓我吗？"

这是庄、惠初识[1]。庄子对惠施大失所望，并未与之订交。

《外篇·山木》记载，魏惠王也已风闻庄子大名，主动召见

---

[1]《太平御览》卷四六六《庄子》逸文："惠子始与庄子相见而问焉。庄子曰：'今日自以为见凤凰而徒遭燕雀耳。'"足证《秋水》所记为庄、惠二人初见。

庄子。结果庄子把魏惠王和惠施都骂了进去,面斥为"昏上乱相"。[1]

庄子是否吃不到葡萄说葡萄酸呢?《外篇·曹商》《外篇·秋水》以及《史记·老子韩非列传》,均曾记载庄子峻拒楚王聘相的史实,综述如下。

楚威王听说了庄子大名,派两位大夫持千金去宋国聘他为相。庄子不在家。楚大夫找到在濮水岸边钓鱼的庄子,说:"吾王想请先生为相。"

庄子手持钓竿,头也不回地说:"听说楚有神龟,已经死了三千年。楚王把神龟的骸骨精心保存,供奉在庙堂之上。这头神龟,究竟愿意死了留下骸骨,被当作宝贝呢;还是宁愿活着,摇着尾巴在泥滩上爬呢?"

楚大夫说:"宁愿活着,摇着尾巴在泥滩上爬。"

庄子笑了:"千金,固是重利;卿相,固是尊位。但你们没见过祭祀用的牺牛吗?被豢养几年后,就披上五彩绣衣,牵到庙堂宰杀献祭。到那时,再想做普通的牛还可能吗?你们走吧,不要污辱我!我宁愿在污泥之中快活游戏[2],也不愿被君主役使。我将终身不仕,以快吾志。"

濮水在蒙邑附近,一称沙水。《水经注·淮水》:"濮水即沙

---

[1] 面斥魏惠王的庄子,不可能主动求见。唯恐庄子得到魏惠王赏识夺其相位的惠施,也不可能主动引见,因此必为魏惠王主动召见庄子。
[2] 司马迁记述"游戏"名相出于庄子之口,必有所本。且为汉语史首见,必为庄子首创。当在郭象所删篇什或现存篇什的被删段落中。

水之兼称。"沙水流经今安徽涡阳、蒙城一带。今蒙城县,即战国宋之蒙邑。

《外篇·曹商》《外篇·秋水》没提楚王是谁,《史记·老子韩非列传》则明言"楚威王"。楚威王熊商,前339年至前329年在位,正当庄子三十一岁至四十一岁之间。一介布衣的年轻庄子,峻拒强楚千金聘相,一反儒墨士人之同善共趋,立刻"恶骇天下"而名动六国。宋人蔺且、前中山公子魏牟等弟子后学,遂慕其风而广之。

九 晚年挚友,大知惠施

惠施年长庄子十一岁,未及庄子成年,已经离开母邦游仕魏国。魏将庞涓在前353年的桂陵之战和前341年的马陵之战中,被齐将田忌、孙膑两度重创。魏太子申还亲自领兵投入马陵之战,与庞涓一起战死。魏惠王无力报杀子之仇,才不得不拜客卿惠施为相,接受其"偃兵"主张,与齐和解。惠施于前335年辅佐魏惠王称王并得到齐威王承认,因此被魏惠王长期倚重。由于儒墨两家大力鼓吹"尧舜禅让",欲自比尧舜、博取声名的魏惠王,曾经假惺惺地禅位惠施。惠施识相地拒绝了。[1]

---

[1]《吕览·不屈》:魏惠王谓惠子曰:"上世之有国,必贤者也。今寡人实不若先生,愿得传国。"惠子辞。

宋人惠施担任魏相长达十九年（前340—前322），堵塞了魏国士人的仕途，于是魏人张仪游仕秦国，于前328年担任秦相，并于前325年辅佐秦惠王成功称王。前322年，张仪向秦惠王请缨出使母邦魏国，游说魏惠王联秦伐齐。魏惠王刚于去年（前323）"五国相王"中组建抗齐联盟，今又得到秦相张仪许诺强秦助魏伐齐，遂将主张"偃兵"的惠施罢相，转拜张仪为相。

在魏国与张仪冲突失利的惠施，与在楚国与张仪冲突失利的屈原境遇相似。激烈反对张仪的惠施，差点被魏惠王诛杀，凭借化装才逃离魏国，投奔屈原母邦楚国[1]。由于惠施是兼相秦魏、权倾天下的张仪之政敌，楚怀王不愿得罪张仪，更不愿得罪张仪的靠山秦惠王、魏惠王，于是赠以车马，把惠施送归母邦宋国。[2]

惠施由楚归宋途中，庄子正在宋泽孟诸钓鱼。庄子看见惠施从车百乘，遂将多钓的鱼也扔进湖里，对倚待庙堂谋取多余

---

[1]《吕览·不屈》：惠子易衣变冠，乘舆而走，几不出乎魏境。
[2]《战国策·楚策三》：张仪逐惠施于魏。惠子之楚，楚王受之。冯赫谓楚王曰："逐惠子者，张仪也。而王亲与约，是欺仪也。臣为王弗取也。惠子为仪者来，而恶王之交于张仪，惠子必弗行也。且宋王之贤惠子也，天下莫不闻也；今之不善张仪也，天下莫不知也。今为事之故，弃所贵于仇人，臣以为大王轻矣。且为事耶？王不如举惠子而纳之于宋，而谓张仪曰：'请为子勿纳也。'仪必德王。而惠子穷人，而王奉之，又必德王。此不失为仪之实，而可以德惠子。"楚王曰："善。"乃奉惠子而纳之宋。

之财的惠施表示不屑[1]。庄子时年四十七岁。直到此时,庄、惠二人仍未订交。

宋康王对长期担任强魏权相的本国大贤惠施,也曾十分仰慕[2],但是现在惠施已老,兼已失势,况且墨徒惠施主张偃兵,不对穷兵黩武的宋康王胃口。惠施没能在母邦重新出仕,蛰伏了三年。庄子所居蒙邑,仅距宋都商丘咫尺之遥。失意的惠施遂与闲居的庄子朝夕盘桓,逐渐从针锋相对的论敌,变成了惺惺相惜的畏友。这是庄、惠交往的第一时期(前322—前320):庄子四十八岁至五十岁,惠施五十九岁至六十一岁。

惠施罢相归宋第三年,前319年魏惠王卒。六十二岁的惠施立刻离宋赴魏,图谋复相。继位的魏襄王果然信任惠施而不信任张仪,但是张仪罢相之后,继任魏相的并非宋人惠施,而是齐人田需(前318—前310在任)[3]。未能复相的惠施,只能倚

---

[1]《淮南子·齐俗训》:"惠子从车百乘以过孟诸,庄子见之,弃其余鱼。"许慎注:"孟诸,宋泽。"
[2] 已见上页注[2]:"宋王之贤惠子也,天下莫不闻也。"
[3] 杨宽《战国史》认为公孙衍继为魏相,实继为魏将。惠施死党公孙衍也是张仪之政敌,魏襄王逐张仪后,公孙衍始得为魏将。前310年田需死后,公孙衍才与因秦惠王死后被秦武王驱逐归魏的张仪、因与齐宣王有隙而离开齐国的孟尝君田文,成为继任魏相的可能人选。因楚相昭鱼担心"张仪相,必右秦而左魏。犀首相,必右韩而左魏。薛公相,必右齐而左魏",遂请苏秦之兄苏代游说魏襄王,导致三人均未继任魏相,而由魏太子自任魏相。参见《史记·魏世家》"魏相田需死"。

老卖老地教诲田需一番[1]。前314年齐宣王伐燕之时，魏襄王派遣惠施出使赵国，请求赵武灵王伐齐存燕[2]。此后惠施继续流连大梁，逐渐淡出政治而转向学术。大约前305年，惠施提出著名辩题"历物十事"，引致天下辩者群集大梁辩论，其中就有年仅二十一岁的赵人公孙龙。公孙龙与韩人桓团等辩者前辈在大梁辩论中又提出"二十一事"等新辩题，合力击败了惠施。惠施在政坛失意之后，继以学术失败，再次返归母邦，与庄子朝夕盘桓。这是庄、惠交往的第二时期（约前305—前300）：庄子六十五岁至七十岁，惠施七十六岁至八十一岁。

　　庄、惠晚年频繁斗嘴的两个时期，惠施在宦海沉浮的漫长一生中积累的丰富政治阅历，成为庄子深入了解天下君主专制的重要间接经验。惠施八十一岁死于宋，葬于宋。《外篇·徐无鬼》记载，庄子曾过惠施之墓，并对弟子感叹："自夫子之死也……吾无与言之矣。"惠施死时，庄子七十岁。庄子用其十四年余生，完成了支离其言、晦藏其旨的"内七篇"。

---

[1]《战国策·魏策二》：田需贵于魏（襄）王，惠子曰："子必善左右。今夫杨，横树之则生，倒树之则生，折而树之也生。然使十人树杨，一人拔之，则无生杨矣。故以十人之众，树易生之物，然而不胜一人者，何也？树之难而去之易也。今子虽自树于王，而欲去子者众，则子必危矣。"

[2]《战国策·赵策三》：齐破燕，赵欲存之。乐毅（时任赵相）谓赵（武灵）王曰："今无约而攻齐，齐必仇赵。不如请以河东易燕地于齐。赵有河北，齐有河东，燕、赵必不争矣。是二国亲也。以河东之地强齐，以燕、以赵辅之，天下憎之，必皆事王以伐齐。是因天下以破齐也。"王曰："善。"乃以河东易齐，楚、魏憎之，令淖滑、惠施之赵，请伐齐而存燕。

十　隐攻公孙，暗讽孟轲

名家巨子惠施，是"内七篇"明确提及并与庄子直接对话的唯一同时代大家。王孝鱼据此认为，"内七篇"专为驳斥惠施名学而撰。这一谬见极度削弱了"内七篇"的普遍意义。其实《齐物论》的"指非指"和"（白）马非马"，隐讽的是惠施论敌公孙龙的独家辩题。《大宗师》的至人"孟子反"之名，隐讽的则是与庄子同时的大儒孟子（前372—前289）。

隐晦不提论敌之名，是诸子惯技。比如儒家集大成者赵人荀况（前313—前238），与名家集大成者赵人公孙龙（前325—前250）同国同时，不可能不知道这位比自己年长十二岁、早已名震天下的当世第一辩者。然而整部《荀子》不厌其烦地激烈诋毁名家学说，说来说去总是"惠施邓析"，根本不提公孙龙。

邓析（前545—前501）是与孔子同时的春秋末期郑国人[1]，死后一百二十一年，惠施（前380—前300）才出生。荀况为何始终把邓析列于惠施之后？因为"邓析"是公孙龙的隐晦代词。而惠施比公孙龙年长五十五岁，因此得以列名"邓析"之前。所谓"惠施邓析"，实为"惠施公孙"。

荀况为何要用"邓析"晦藏公孙龙？因为荀况渴望出仕母

---

[1] 参阅拙著《寓言的密码》二十八章《长短其说的纵横家——赎尸诡论》。

邦，不敢得罪长期担任赵相的平原君赵胜（前308—前252）。平原君的一再决策失误，导致了长平之败和邯郸之围，所以《史记·平原君列传》说："平原君，翩翩浊世之佳公子也，然未睹大体。鄙语曰'利令智昏'，平原君贪冯亭邪说，使赵陷长平兵四十余万众，邯郸几亡。"然而《荀子·臣道》竟说："解国之大患，除国之大害，成于尊君安国，谓之辅。平原君之于赵，可谓辅矣。"罔顾事实地把"国之大患""国之大害"平原君，谀词妄赞为"解国大患，除国大害，尊君安国"的模范辅臣。即便如此，平原君仍然不喜儒家而服膺名家，崇信并供养公孙龙长达半个世纪，大儒荀况从未得到赏识。荀况只能时而东游齐国，时而西游秦国，时而南游楚国，闲得无聊又授徒韩人韩非、楚人李斯，好不容易在楚相春申君黄歇那里谋得兰陵县令一职，很快又被撤职[1]。荀况不愿断绝母邦仕途，不敢得罪平原君，所以不敢明攻平原君崇信的公孙龙，遂以隐语"邓析"替代[2]。这

---

[1] 参见《史记·孟子荀卿列传》及《史记·春申君列传》。
[2] 今人谭戒甫最早猜测《荀子》之"邓析"晦藏公孙龙，其《公孙龙子形名发微·纂余第十》曰："（荀子）言时必并称'惠施邓析'而不一称'邓析惠施'者，以其所置意实在龙，不在析也。且尝单称惠子（《解蔽篇》），或同称'慎、墨、季、惠'（《成相篇》），而邓析一人未尝独及焉，亦不为无因者。（中略）古书类多施、龙并举；而惠、析并称，惟见《荀子》。然则荀卿之言，隐寓他意，从可知矣。"（中华书局1996版，170页）谭戒甫嗅觉灵异，可惜对相关诸子生平、战国重要史事的确切纪年所知有限且颇多错讹，缺乏坚实史证，仅凭义理推断，论证极不充分，未能使其假说成为定论。公孙龙研究者中，仅有栾星注意到谭戒甫假说，却认为证据不足，粗疏辨析后即以"谭说尤曲"否定。参见今人栾星《公孙龙子长笺》，中州书画社1982版。

一曲折的隐语，导致后世误将邓析视为名家始祖。

《齐物论》隐攻公孙龙，仅涉辩题，未及其名，是因为"内七篇"已经明攻名家巨子惠施。作为前辈大老，庄子不愿再明攻比自己小四十四岁的名家晚辈公孙龙。《大宗师》暗讽孟子，用"孟子反"来"反孟子"，是因为"内七篇"已经明攻儒家始祖孔子，兼及儒门圣王尧舜，因此庄子不屑齿及远逊孔子的同时代大儒孟子。

十一　公子魏牟，失国改宗

撰写"外杂篇"的庄门弟子后学，慕效其师文风，也没有明攻大儒孟子、荀子，仅仅明攻儒家始祖孔子，明攻儒门圣王尧舜。但是总论先秦学术源流的《外篇·天下》，孔、孟、荀均未提及。

撰写"外杂篇"的庄门弟子后学，同样慕效其师文风，一方面明攻惠施，另一方面又把"内七篇"仅涉辩题、未及其名的公孙龙亮了出来。《外篇·徐无鬼》记载，庄子曾对惠施说："儒墨杨秉四，与夫子（惠施）为五。"公孙龙字子秉，"秉"即公孙龙。《外篇·惠施》则明确提及公孙龙："桓团、公孙龙辩者之徒，饰人之心，易人之意；能胜人之口，不能服人之心。"《外篇·秋水》又记载了魏牟对公孙龙的当面痛斥。

魏牟（前320—前240）是庄子学派的重量级人物，也是战国后期的道家代表人物。《荀子·非十二子》痛诋六组十二位诸子，它嚣（庄周）、魏牟列于第一组。《汉书·艺文志》列《公子牟》四篇于道家，汉后亡佚。由于班固误以为"外杂篇"的撰者也是庄子，因而妄书曰："先庄子，《庄子》称之。"其实是比庄子小四十九岁的魏牟，在《外篇·秋水》中极赞庄子。赵灭中山之年（前296），中山王之子魏牟二十五岁，庄子七十四岁。《外篇·让王》称魏牟为"中山公子牟"，又因中山曾经称王，而称为"万乘之公子"。[1]

赵灭中山（前296）以前大约九年（前305），惠施在魏都大梁与天下辩者辩论，年仅二十一岁的公孙龙（前325—前250）在辩论中击败惠施而名震天下。"不恤国事"的中山公子魏牟时年十六岁，优游宗主国国都大梁而亲睹盛况，遂成公孙龙信徒。

伪《列子》多存先秦史料部分之真。《列子·仲尼》记载了魏牟与乐正子舆的辩论。乐正子舆攻击公孙龙"行无师，学无友，佞给而不中，漫衍而无家，好怪而妄言，欲惑人之心，屈人之口，与韩檀（按即桓团）等肆之"。

魏牟则为公孙龙竭力辩护，痛斥乐正子舆："智者之言，固非愚者之所晓。"

然而中山为赵所灭后，前中山公子魏牟性情大变，转而迁怒于一度崇信的赵人公孙龙，或者直接成为庄子的晚年弟子，

---

[1]"千乘"指诸侯，"万乘"指王。

或者师事庄子弟子蔺且,也可能先拜詹何(前350—前270)为师,后拜蔺且(前340—前260)为师。

《外篇·让王》记载了詹何对魏牟的教诲。

魏牟失国后流落天下,"身在江海之上,心居乎巍阙之下"。曾经西游秦国,受到主张"远交近攻"、出任秦相的魏人范雎(前267—前255任秦相,封应侯)礼遇。前256年邯郸解围以后,魏牟预知范雎因掣肘白起导致秦围邯郸失败,即将失去秦昭王信任,于是辞别范雎,行前忠告曰:"夫贵不与富期,而富至;富不与粱肉期,而粱肉至;粱肉不与骄奢期,而骄奢至;骄奢不与死亡期,而死亡至。"[1]稍后齐人蔡泽游秦,也规劝范雎激流勇退,于是范雎主动向秦昭王辞去相位,免除了后患。蔡泽游说得逞,遂代范雎担任秦相。[2]

魏牟离开秦都咸阳,转往赵都邯郸拜见平原君,又再次见到平原君的著名门客、魏牟年轻时的偶像公孙龙。《外篇·秋水》记载了已从公孙信徒转为庄子信徒的魏牟对公孙龙的当面痛斥,谓之"用管窥天,用锥指地"的井底之蛙,盛赞"内七篇"是"极妙之言",讥讽公孙龙"欲观于庄子之言,是犹使蚊负山"。

《外篇·秋水》是有助于理解《内篇·齐物论》的重要篇什。根据撰者自书其名的著书惯例,撰者当为魏牟。"外篇"的重要篇什,主要撰者当为蔺且、魏牟二人。

---

[1] 参见《战国策·赵策三》。
[2] 参见《史记·范雎蔡泽列传》。

研究庄学，不能不了解庄子晚年挚友惠施和庄子学派重量级人物魏牟，也不能不了解与惠施、魏牟关系重大的名家集大成者公孙龙。

十二　庄子著书，支离其言

除了郭象的故意篡改、系统反注，理解"内七篇"的另一障碍，就是庄子的故意支离其言，晦藏其旨。

庄子既然著书，为何故意不让人懂？因为庄子崇尚自由，反对专制，然而在专制制度下批判专制极其危险。避免母邦暴君宋康王诛杀其身还难度较低，庄子可以像哥白尼临死之前才公布"日心说"那样，生前不流布其书。避免后世君主剿灭其书，才是不易成功的莫大难题。庄子必须做到：既让被后世君主压迫的庄学之友读懂，又不让后世君主和依附君主的庄学之敌读懂，甚至读懂也无法剿灭其书。为此庄子采用了支离其言、晦藏其旨的特殊写作方法。具体而论，就是庄文三言：寓言，重言，卮言。

庄子死后，庄子亲传弟子蔺且为"内七篇"撰序一篇，就是《外篇·寓言》，把"内七篇"概括为"寓言十九，重言十七，卮言日出"。庄子再传弟子魏牟又为"内七篇"撰跋一篇，就是《外篇·天下》，把"内七篇"概括为"以卮言为蔓衍，以重言为真，以寓言为广"。并且点题曰："以天下为沉浊，不可与庄语。"奥义是：庄学是专制天敌，倘若直白易懂，专制庙堂必将剿灭《庄子》，就像剿灭杨朱之书一样。

"寓言"之义人人能懂：寓有深意的故事。"寓言"名相，正是庄子弟子蔺且所撰《外篇·寓言》发明，或许得自庄子亲传。

"卮言"之义非常难懂，至少有三。

其一，"卮"借为"至"，卮言就是至言。言之四境是：无言→小言→大言→至言。卮言是最为重要的至言，但其奥义极其隐晦。

其二，"卮"为酒器，空则上仰，满则倾覆。隐喻庄子借用寓言、卮言述道，其意述满之后，又予倾空致无。读者亦当如此，借助庄子卮言，理解庄子寓言；理解以后，还须丧忘。是为庄学奥秘"得意忘言"。为何得其真意之后，必须丧忘其言？因为若不丧忘，就会招致专制庙堂诛杀；倘若挑明奥义，又会殃及《庄子》遭到剿灭。

其三，"卮"借为"支"，意为支离。寓言是圆的，人人理解不同。因此西方寓言家伊索、拉封丹讲完寓言，必定点明寓意。然而庄子身处专制语境，不能讲完寓言点明寓意，只能"卮言日出"：让点明寓意的卮言，天女散花地"蔓衍"各处，与寓言"支离"分开。"内七篇"六见"支离"，既有言说义理的"支离其形""支离其德"，也有寓言人名"支离疏""闉跂支离无脤"。"外杂篇"二见"支离"，均为寓言人名，即《外篇·至乐》的"支离叔"，《外篇·列御寇》的"支离益"。

"内七篇"的义理核心是卮言，文本主体是寓言。若不明白

"卮言"晦藏的暗示，就无法理解"寓言"的支离寓意。

"寓言""卮言"之中，均有"重（chóng）言"，因此"寓言十九"与"重言十七"有所重叠，不构成计算错误。"重言"就是"重复之言"，既是对"卮言"晦藏之旨的重复强调，也是对"寓言"支离之义的重复暗示。读者对"卮言"晦藏之旨和"寓言"支离之义的感悟，必须得到"重言"印证，才可确认为庄学真义。是为"以重言为真"。

郭象误读为"重（zhòng）言"，谬解为"借重"尧舜孔老等名人以"自重"，毫无证据。出场最多的尧舜孔，是"内七篇"的主要贬斥对象。"内七篇"中的老聃之言合计103字，如何借重？而且无论怎样统计，也不可能拼凑出十分之七的"借重之言"。"重复之言"占十分之七，却符合实情。按理十分之七的"重复之言"会使阅读极其单调，然而阅读"内七篇"决无单调之感。因为仅有极少量重言是字面相同的标准型重言，大多数重言都是字面不同的变文转辞。不过变文转辞在避免了单调的同时，又大大增加了理解的难度。

《外篇·寓言》启发读者逆向思考："非卮言日出，和以天倪，孰得其久？"奥义是：倘若庄子不是东一榔头西一棒地支离其言、晦藏其旨，其书必被专制庙堂剿灭，怎能传之久远？

《外篇·天下》则对读者正面透底："谬悠之说，荒唐之言，无端崖之辞。"奥义是：庄子寓言极其有趣，庄子卮言极为难懂，庄子重言极难辨识。

无论寓言、重言、卮言，"内七篇"一切文字的根本特点均为支离其言。支离其言的目的，正是晦藏其旨。

十三　朝三暮四，晦藏其旨

上文略述战国大势与庄子生平，得出两条主要立论。

其一，庄学是专制天敌，因此庄子既要避免自身遭当世君主诛杀，又要预防己书被后世君主剿灭，不得不采用支离其言、晦藏其旨的特殊写作方式，导致庄学奥义千古难明。

其二，庄子必须创造几乎不可能的奇迹：既让庄学之友读懂，又不让庄学之敌读懂。庄学之敌即便嗅出异味，也难以证明甚至不敢证明自己读懂，因而无法剿灭其书。

仅用庄子之书果然没被专制庙堂剿灭来反证我的立论，显然缺乏说服力，因此必须至少举一个例子——更多例子详见《庄子奥义》。

《齐物论》有一则著名寓言：

狙公赋芧，曰："朝三而暮四。"
众狙皆怒。
曰："然则朝四而暮三？"
众狙皆悦。

寓言有趣至极，然而寓意难明，因为庄子在打哑谜。猜破哑谜的人并非没有，只不过道破谜底的方式，依然只能打哑谜。

晋人张湛在其伪造的古书《列子》中，改编了庄子哑谜：

> 宋有狙公者，爱狙，养之成群，能解狙之意，狙亦得公之心。损其家口，充狙之欲。俄而匮焉，将限其食，恐众狙之不驯于己也，先诳之曰："与若芧，朝三而暮四，足乎？"众狙皆起而怒。俄而曰："与若芧，朝四而暮三，足乎？"众狙皆伏而喜。（按：张湛知道庄子是宋人，故加"宋"字。）

张湛猜出了庄子的谜底：狙公与众狙，隐喻庙堂君主与江湖民众。

张湛同时认为：庄子站在狙公即君主一边，拥护君主专制。

张湛如此阐释：狙公深爱众狙，养育天下众狙。狙公不惜让家人过苦日子，也要满足众狙的贪欲。由于众狙生养日多，狙公粮仓将空，才不得不限制众狙口粮：早饭三颗橡子，晚饭四颗橡子。贪心不足的众狙发怒了。爱狙如子的狙公，于是顺天应人地改口：那就早饭四颗橡子，晚饭三颗橡子。感沐圣恩的众狙转怒为喜，伏在地上三拜九叩，山呼万岁。

明人刘基在其寓言专著《郁离子》中，也改编了庄子哑谜：

> 楚有养狙以为生者，楚人谓之狙公，旦日必部分众狙于庭，使老狙率以之山中求草木之实，赋什一以自奉。或

不给,则加鞭箠焉。群狙皆畏苦之,弗敢违也。一日有小狙谓众狙曰:"山之果,公所树欤?"曰:"否也,天生也。"曰:"非公不得而取欤?"曰:"否也,皆得而取也。"曰:"然则吾何假于彼而为之役乎?"言未既,众狙皆悟。其夕相与伺狙公之寝,破栅毁柙,取其积,相携而入于林中,不复归。狙公卒馁而死。(按:刘基误信庄子为楚人,故改"宋"为"楚"。)

刘基也猜出了庄子的谜底:狙公与众狙,隐喻庙堂君主与江湖民众。

刘基同时认为:庄子站在众狙即民众一边,反对君主专制。

刘基如此阐释:并非狙公养活众狙,而是狙公"养狙以为生"。狙公每天让老狙带着众狙到山里劳动,剥削他们的剩余价值。"赋什一以自奉",隐晦挑明了庄子原文"狙公赋芋"之"赋"的奥义:庙堂与江湖的本质关系是抽取什一税。江湖众狙对庙堂狙公"皆畏苦之,弗敢违也"。就像安徒生童话《皇帝的新衣》中说真话的小孩那样,一只小狙道破了真相,于是众狙奋起反抗,挣脱了狙公的魔爪。狙公饿死了。

张湛、刘基的阐释尽管针锋相对,至少对狙公、众狙隐喻君主、民众并无分歧,说明二人全都明白庄学奥义。只不过儒家士人张湛反对庄学奥义,因而予以逆向歪曲;而道家异人刘基赞成庄学奥义,因而予以隐晦挑明。无论是庄学之友刘基,还是庄学之敌张湛,全都受困于专制语境而无法直言,不得不像庄子一样打哑谜。

儒家士人张湛,急于依附专制庙堂,渴望分享民脂民膏,所以在其伪造的《列子》中抄袭庄子,然后用反注反击庄子。张湛为伪《列子》加注以后公诸儒林一举成名,得到专制庙堂奖赏,官至光禄勋。张湛并非孤例,比如还有郭象、成玄英、陆德明及其众多追随者。

道家异人刘基,助朱元璋一统天下,按其功劳足以像徐达、常遇春那样封王封公,但他不肯依附专制庙堂,不愿分享民脂民膏,为免被疑二心而遭诛杀,才不得已逊受"诚意伯",全生远害地隐于庙堂。江湖传说,他成了风水祖师刘伯温。刘基也非孤例,比如还有越人范蠡、汉人张良。范蠡助勾践灭吴,不愿受封受赏,而是飘然不知所终。江湖传说,他成了富可敌国并三散巨财的陶朱公。张良助刘邦灭楚,不愿像萧何、韩信那样封王封公,为免被疑二心而遭诛杀,才不得已逊受"留侯",随后飘然不知所终。江湖传说,他追随赤松子游仙去了。

或问:既然刘基像庄子一样反对"狙公",为何要助朱元璋打天下呢?其实刘基隐晦挑明庄子哑谜,正是为了譬解此疑:两害相权取其轻。在当时的历史格局下和时代困境中,与其听任众多狙公竞争者旷日持久地厮杀不休,不如尽快确定"一统天下"的庙堂狙公,这样对江湖民众稍稍有利。

庄子深藏奥义的支离其言,经过郭象篡改,变得支离破碎,经过郭象反注,变得完全不通。庄子寓言尽管迷住了无数读者,却常常背离庄子卮言而被歪用。成语"朝三暮四",遂被离题万里地用于形容花心男人的见异思迁,与形容美貌女人的"水性杨花"成了一对。庄子屠龙宝刀,居然仅供杀鸡。

结语 至言不出,俗言胜也

在君主专制之下,反对君主专制的庄学之友刘基抉发庄学奥义,也只能像庄子一样打哑谜。因为刘基与两千年头号庄学之友陶渊明一样明白:"此中有真意,欲辨已忘言。"不得不像庄子一样主动打哑谜。倘若直言,即便你"逍遥"山林,海捕文书一下,也跑不了。《人间世》早有厄言:"无适而非君也,无所逃于天地之间。"

那么在君主专制之下,拥护君主专制的庄学之敌张湛反击庄学奥义,为何也只能打哑谜呢?因为张湛与刘基智力难分伯仲。尽管刘基身在庙堂,心在江湖,而张湛钻进庙堂,跪于丹墀,然而跪下仅让张湛的人格变低,不会让张湛的智力变低。张湛的智力足以让他明白:决不能直接批判庄子奥义,更不能向皇帝告密,即便告密的同时大表忠心,仍会像敬献宝刀却误入白虎节堂的林冲那样,难逃杀身之祸。

聪明绝顶的张湛必能预见,愚蠢透顶的皇帝必会这么想:别人都没看出庄子有这意思,偏你看出庄子有这意思。朕看来看去,还是看不出庄子有这意思,莫非是你自己这么想?

即便张湛竭力辩解:陛下圣明!庄子反动透顶又狡猾至极,

他的支离文字充满隐语，全是密码，他的恶毒攻击和犯上渎圣，轻易看不出来。

皇帝还是将信将疑：那你又从何得知密码？莫非你与庄子一般肚肠？

张湛决不敢拿自己聪明绝顶的脑袋，愚蠢透顶地到皇帝那里冒险。因为庄学奥义不仅难以领悟，更加难以证明，而且涉入了专制语境的绝对禁区，仅仅告发庄学奥义，就会触犯专制禁忌。

就这样，庄子创造了人类写作史上几乎不可能的奇迹：大部分庄学之敌读不懂"内七篇"，极少数聪明绝顶的庄学之敌虽能嗅出异味，而且必欲灭之而后快，但是他们无法向皇帝证明自己的灵异嗅觉。聪明绝顶的儒生郭象，与聪明绝顶的儒生张湛一样，知道庄子彻底否定君主专制，同时知道庄子彻底否定了儒生的人生价值取向，却不能向皇帝邀功请赏。他们原本天生聪明难自弃，才不甘寂寞地自售于庙堂，然而这份足以嗅出庄学异味的绝顶聪明，竟然不能折合为现金。既然"胜物而不伤"的《庄子》使他们陷入了人格分裂，沉入了痛苦深渊，而且他们不能借助专制皇权剿灭《庄子》，那么他们只能通过篡改反注来泄愤，用伪庄学遮蔽真庄学。

书之难懂，通常的原因是作者思力太弱，原本糊涂，而且笔力太弱，词不达意。然而"内七篇"难懂的原因是庄子笔力超强，强到支离其言、晦藏其旨也能达意；同时思力超强，强到预知读者如何反应，无论读者是友是敌。庄子预知，在君主专制终结之前,庄学之友为了避免诛杀和避免殃及《庄子》,肯定不会抉发庄学奥义。庄子预知,在君主专制终结之前,庄学之敌为了避免批判"毒草"反噬自身,必然不敢揭发庄学奥义。庄子预知,在君主专制终结之前,庄学奥义必将成为中国文化的最大秘密,因此《齐物论》说:"万世之后而一遇知其解者,是旦暮遇之也。"庄门弟子预知,在君主专制终结之前,伪庄学必将长期遮蔽真庄学,因此《外篇·泰初》说:"至言不出,俗言胜也。"[1]

附录三 庄学分段年表

一 庄前道家年表

老聃(约前570—约前470):道家始祖,春秋末期陈国人。约长孔子(前551—前479)十九岁。其书今存,但非原貌。(见于《养生主》《德充符》《应帝王》《寓言》《田子方》《知北游》《庚桑楚》《则阳》《天下》《天运》《在宥》《天道》《泰初》。)

关尹:道家二祖,老聃弟子。春秋末期人,母邦不详。约与孔子年辈相当。《汉书·艺文志》著录《关尹子》九篇,久佚,今本为伪书。(见于《达生》《天下》。)

---

[1] 本章删节版,刊《书屋》2006年10期。今已修订增补。

列御寇（约前450—约前375）：道家三祖，关尹弟子或再传弟子，战国初期郑国人。《汉书·艺文志》著录《列子》八篇，久佚，今本为东晋张湛伪托编纂（杂取先秦旧籍）。（见于《逍遥游》《应帝王》《至乐》《达生》《让王》《列御寇》《百里奚》。）

杨朱（约前395—约前335）：道家四祖，老聃数传弟子。战国中期魏国人。其书久佚。（见于《应帝王》《寓言》《山木》。）

子华子（约前380—约前320）：道家五祖，当属杨朱弟子。战国中期魏国人。其书久佚，《吕览》抄引六条。与庄同时略先，与庄关系不详。（见于《让王》《则阳》。）

【说明】参看《庄子复原本》各篇注及《天下》附论。

二　庄周生平年表

前369年　庄子生于宋国蒙邑（宋君偃生年与之相当），时为宋辟公（桓侯）十二年。《庄子》佚文有"宋桓侯"。

前353年　庄子十七岁，齐威王僭称"王"。

前340年　庄子三十岁，戴剔成弑君（宋桓侯）篡位，宋人惠施出任魏相。庄子弟子蔺且约于此年生于宋国。

前338年　庄子三十二岁，宋君偃逐兄（宋君剔成）篡位。庄子辞漆园吏，约在此后。

前335年　庄子三十五岁，魏惠王僭称"王"。庄子赴魏见魏惠王、惠施（《秋水》、佚文），必在此后。

前328年　庄子四十二岁，宋君偃僭称"王"。

前325年　庄子四十五岁，秦惠王、韩宣惠王僭称"王"。庄子贬斥"宋王""秦王"（《曹商》），必在此后。

前323年　庄子四十七岁，"合纵"创始人公孙衍主持魏惠王、赵武灵王、韩宣惠王、燕易王、中山先王"五国相王"，相互承认僭称"王"。《史记·鲁世家》："景公二十九年（前323），是时六国皆称王。"

前322年　庄子四十八岁，"连横"创始人秦相张仪游说魏惠王联秦攻齐。惠施罢相返宋，首次与庄子盘桓。"惠子从车百乘以过孟诸，庄子见之，弃其余鱼"（《庄子》佚文，《淮南子·齐俗训》），发生于惠施返宋之时。《逍遥游》："惠子谓庄子曰：'魏王贻我大瓠之种。'"撰于庄惠首次盘桓之后。

前320年　庄子五十岁，庄子再传弟子魏牟约于此年前后，生于中山。

前319年　庄子五十一岁，魏惠王卒，魏襄王立。张仪罢相返秦。惠施离宋返魏，图谋复相失败。

前316年　庄子五十四岁，燕王哙禅位燕相子之，燕国大乱。

前313年　庄子五十七岁，孟轲（前372—前289）鼓动齐宣王伐燕，燕王哙、燕相子之皆死。"之、哙让而绝"（《秋水》）。

前311年　庄子五十九岁，燕昭王立，筑黄金台招贤，苏秦、乐毅、邹衍往燕。

前305年　庄子六十五岁，惠施在魏都大梁公布"历物"学说，天下辩者齐集大梁，韩人桓团、赵人公孙龙击败惠施（《惠施》）。"惠子（谓庄子）曰：'今夫儒墨杨秉，且方与我以辩。'"

(《徐无鬼》)。中山公子魏牟崇信公孙(《列子·仲尼》)。惠施辩论失败返宋,再次与庄子盘桓。

前300年　庄子七十岁,惠施卒于宋,葬于宋(《徐无鬼》)。《齐物论》:"(惠子)之知几乎?……故载之末年。"撰于此后。

前296年　庄子七十四岁,赵武灵王伐灭中山。中山公子魏牟流落江湖,"身在江海之上,心居乎魏阙之下",问道于楚人詹何(《让王》)。后成庄子再传弟子,其师或即蔺且。

前288年　庄子八十二岁,秦昭王僭称"西帝",齐湣王僭称"东帝",月余迫于列国压力撤销。"鸡靡也,豕零也,是时为帝者也,何可胜言?"(《管仲》)

前286年　庄子八十四岁,卒于宋国蒙邑,临终反对弟子对其厚葬(《曹商》、佚文)。遗著内篇七,一万三千余言。燕使苏秦唆使齐湣王伐灭宋,宋王偃卒于魏国温邑。

三　庄后蔺且、魏牟年表

前284年　庄殁二年,燕将乐毅率五国联军伐齐,齐湣王车裂燕使苏秦,自己逃至莒邑,被楚使淖齿所杀。

前266年　庄殁二十年,赵王何卒,谥惠文。《说剑》虚构庄子讽谏赵文王,必在此后。

前264年　庄殁二十二年,田齐第十二世齐王建即位。《胠箧》贬斥"田成子十二世有齐国",必在此后。

前260年　庄殁二十六年,弟子蔺且卒。遗著《寓言》《山木》《达生》《至乐》《曹商》等,阐释内篇义理,多述庄子生平。

第二章　庄子其人与《庄子》其书

前 257 年　庄殁二十九年，秦围邯郸失败。魏牟在秦，讽谏秦相范雎（《战国策》）。

前 256 年　庄殁三十年，魏牟离秦至赵，赵相赵胜迎之（《战国策》），面斥公孙龙（《秋水》）。秦昭王灭周，《盗跖》言及"汤武立为天子，而后世绝灭"，必在此后。

前 245 年　庄殁四十一年，赵悼襄王即位。魏牟过赵，讽谏赵悼襄王（《战国策》），必在此后。

前 240 年　庄殁四十六年，再传弟子魏牟卒。遗编《庄子》初始本，包括无一庄后史实的内篇七，多有庄后、蔺后史实的外篇二十二，总计二十九篇，五万余言。

四　魏牟版《庄子》传播年表（魏后刘前）

前 239 年　魏殁一年，《吕览》成书，至少抄引魏牟版《庄子》初始本内篇五、外篇十三之四十条。

前 238 年　魏殁二年，荀况卒于楚国兰陵，《荀子》至少抄引魏牟版《庄子》初始本内篇二、外篇六之十二条。

前 233 年　魏殁七年，韩非卒于秦国大狱，《韩非子》至少抄引魏牟版《庄子》初始本内篇四、外篇七之二十一条。

前 227 年　魏殁十三年，荆轲刺杀秦王嬴政失败。刘安版《庄子》大全本新增之篇言及"荆轲"（《庄子》佚文），必在此后（当在秦灭之后的汉初）。

前 221 年　魏殁十九年，秦灭齐，秦王嬴政僭称"始皇帝"。

前 219 年　魏殁二十一年，秦始皇封禅。刘安版《庄子》

大全本新增之篇言及"封于泰山，禅于梁父"(《庄子》佚文)，必在此后（当在秦灭之后的汉初）。

前 212 年　魏殁二十八年，秦始皇坑儒。刘安版《庄子》大全本新增之篇言及被坑儒生"卢敖"(《庄子》佚文)，必在此后（当在秦灭之后的汉初）。

前 179 年　魏殁六十一年，汉高祖刘邦幼子淮南王刘长之长子刘安出生。

前 168 年　魏殁七十二年，贾谊卒。所撰《吊屈原赋》《鹏鸟赋》至少抄引魏牟版《庄子》初始本内篇三、外篇九之十五条，未引刘安版《庄子》大全本新增二十三篇一字。刘安十二岁。

前 167 年　魏殁七十三年，湖北江陵张家山 136 号汉墓下葬，随葬魏牟版外篇《盗跖》(1988 年出土)。刘安十三岁。

前 165 年　魏殁七十五年，汝阴侯夏侯灶卒，下葬于安徽阜阳双古堆 1 号汉墓，随葬魏牟版外篇《则阳》《外物》《让王》(1977 年出土)。刘安十五岁。

前 145 年　魏殁九十五年，司马迁出生。刘安三十五岁。

前 139 年　魏殁一百零一年，刘安四十一岁，所著《淮南子》进呈汉武帝，《主术训》言及"素王"，承自刘安版《庄子》大全本"新外篇"《天道》。刘安编纂《庄子》大全本，当在此前。

前 134 年　魏殁一百零六年，董仲舒《天人三策》进呈汉武帝，言及"素王"。汉武帝采其献策，"罢黜百家，独尊儒术"。

前 130 年　魏殁一百十年，韩婴卒。所著《韩诗外传》至少抄引魏牟版《庄子》初始本内篇二、外篇七之十四条，未引刘安版《庄子》大全本新增二十三篇一字。韩著时间当早于刘安编纂《庄子》大全本。

前122年　魏殁一百十八年，刘安五十八岁，因汉武帝诬其谋反而被迫自杀。遗编《庄子》大全本，增补"新外篇六"，创设"杂篇十四"，附录"解说三"（又收入《淮南子外篇》），总计"五十二篇"（《汉书》）、"十余万言"（《史记》）。

五　刘安版《庄子》传播年表（刘后郭前）

前90年　刘殁三十二年，司马迁卒。所著《史记·老子韩非列传》谓"庄子著书十余万言"（五十二篇之字数），误以五十二篇均为庄撰。

前6年　刘殁一百十六年，刘向卒。所著《别录》谓"《庄子》五十二篇，宋之蒙人"，误以五十二篇均为庄撰。

23年　刘殁一百四十五年，刘歆卒。所著《七略》谓"《公子牟》四篇，魏之公子也，先庄子，庄子称之"，误以庄子再传弟子魏牟先于庄子。

92年　刘殁二百十四年，班固卒。所著《汉书·古今人表》列"严周"（避东汉明帝刘庄讳）于"魏牟"之前，不误。《汉书·艺文志》抄引刘向《别录》"《庄子》五十二篇，宋之蒙人"，误以五十二篇均为庄撰；又抄引刘歆《七略》"《公子牟》四篇，魏之公子也，先庄子，庄子称之"，误以庄子再传弟子魏牟先于庄子。

212年　刘殁三百三十四年，高诱卒。所著《吕览注》抄引刘向《别录》、班固《艺文志》"《庄子》五十二篇，宋之蒙人"，误以五十二篇均为庄撰。

272年　刘殁三百九十四年，向秀卒。崔譔、向秀各著《庄子注》，均选注刘安版大全本，"崔譔注内篇七，外篇二十，无杂篇；向秀注内篇七，外篇十九，亦无杂篇"（陆德明《经典释文·叙录》）。

306年　刘殁四百二十八年，司马彪卒。所著《庄子注》全注刘安版大全本五十二篇，分类篇目全同刘安版，孟氏《庄子注》亦然。均为"内篇七，外篇二十八，杂篇十四，解说三"（陆德明《经典释文·叙录》）。

刘安版与郭象版并存六七百年，前者影响日微，后者影响日广。唐宋类书偶尔抄引刘安版被郭象所删的十九篇，成为后人辑佚之依据。唐宋以后三教合一，郭象版最终取代刘安版。刘安版彻底亡佚。

六　郭象版《庄子》传播年表（郭象至今）

312年　刘殁四百三十四年，郭象卒。遗著郭象版《庄子》，对刘安版"以意去取"（陆序）、"裁取其长"（郭跋），删除"十分有三"（郭跋），仅有"内篇七，外篇十五，杂篇十一"，而郭象版"杂篇十一"之九篇实为刘安版外篇，实为刘安版"内篇七，外篇二十四，杂篇二"，比刘安版少十九篇：外篇四、杂篇十二、解说三。总计三十三篇，六万六千言。郭象版"杂篇十一"，仅有《说剑》《渔父》原属刘安版杂篇，另外九篇原属魏牟版、刘安版外篇。郭象版外杂篇"新八篇",由刘安版外杂篇"旧十六篇"拼接而成。篡改、妄断、反注,遍布全书。

郭象以后一千七百年的《庄子》注家,均以郭象版《庄子》为底本,大多盲信郭象版伪原文,盲从反庄学的郭象伪庄学,并且根据郭象反注,变本加厉地篡改、删除不合郭注的郭象版伪原文,乃至篡改郭象注文,为庄义、郭义之全面对立弥缝。详见《庄子复原本》附录六《本书参考文献》之《旧庄学要目》。

第三章

《庄子》初始本编纂者魏牟小传

第三章 《庄子》初始本编纂者魏牟小传

弁言　权威谬见，误导后世

《史记》未载魏牟。

《汉书》载有两条，然而互相抵牾。《古今人表》第六等"中下"，"严周"（庄周）在前[1]，"魏牟"在后。《艺文志》"道家"，照抄刘向《别录》、刘歆《七略》："《公子牟》四篇。魏之公子也，先庄子，庄子称之。"

《古今人表》少有人读，读了也未必明白"严周"即"庄周"，明白也未必知道"庄周先魏牟"的重要性。《艺文志》学者必读，权威谬见"魏牟先庄子"，误导后世两千年。直到钱穆《先秦诸子系年》，才根据《秋水》实为魏牟称赞庄子，纠正《艺文志》的"庄子称之"；又根据《秋水》与魏牟对话者实为后庄子的公孙龙，纠正《艺文志》的"魏牟先庄子"；又根据《秋水》《让王》言及后庄子的"魏牟"，判定外杂篇均非庄撰。然而积重难返，学界至今仍多沿袭《艺文志》的权威谬见。

魏牟史料极少，我搜求多年，仅得十六条。除了《汉书》两条，另有十四条。《庄子·秋水》一条，《庄子·让王》一条

---

[1] 《古今人表》为原创，班固避东汉明帝刘庄讳，改"庄"为"严"。《艺文志》照抄西汉刘向《别录》、刘歆《七略》，班固未改"庄"为"严"。

(《吕览·审为》《淮南子·道应训》全抄此条),《荀子·非十二子》一条(《韩诗外传》一条略同),《战国策·赵策三》二条(《说苑·敬慎》一条略同),《列子·仲尼》一条,南朝梁刘勰《文心雕龙·诸子》一条,以上十一条不误,然而阐释多误。东汉高诱《吕览》注二条,东晋张湛《列子》注一条,以上三条皆误,均被《艺文志》"魏牟先庄子"误导,又进一步误导后世。

下文排比史料,考辨正误,疏理《庄子》初始本的编纂者、庄子再传弟子魏牟(前320—前240)的基本生平。

一 中山王子,崇信公孙

前406年,魏文侯(前445—前396在位)伐灭古之中山国——春秋时期白狄支族鲜虞族之国。由于魏国在南,中山在北,中隔赵国,因此中山无法并入魏国本土,只能成为魏国的北部飞地。赵国横亘于魏国本土与中山之间,是魏、赵长期敌对的原因之一。魏文侯不得不先派长子魏击驻守中山(《史记·魏世家》),三年后(前403)召回魏击,立为太子,改封幼子魏挚为中山君(《韩诗外传》卷八、《说苑·奉使》)。

前396年魏文侯死,太子魏击继位为魏武侯(前395—前370在位)。

前370年魏武侯死,太子魏䓨继位为魏惠王(前369—前

319在位）。魏惠王前期，承父祖两代之荫，国力仍强。魏惠王中期以后，受到秦、齐东西夹攻。举其大者为三役，前353年齐、魏桂陵之战，前341年齐、魏马陵之战（魏太子申死于是役），前340年秦相商鞅伐魏。魏国连战连败，国力大衰。魏惠王不得已采纳"合纵"创始人公孙衍之主张（魏相惠施襄助），于前323年主持魏、赵、韩、燕、中山"五国相王"[1]，欲借盟国之力挽救颓势。

"五国相王"在魏武侯死后四十八年，中山桓公、魏武侯之弟魏挚（前402—前350在位）和魏挚之子中山成公（前349—前328在位）均已死去。参与"五国相王"的中山先王魏䁒（前327—前310在位）[2]，是魏属中山开国之君魏挚之孙。

五国相王次年（前322），"连横"创始人秦相张仪，向魏惠王许诺秦愿助魏攻齐。欲报齐国杀子之仇的魏惠王，免去反对联秦攻齐的宋人惠施之相位，改任魏人张仪为魏相。惠施首次返归母邦宋国，首次与庄子盘桓。三年后魏惠王死，魏襄王（前318—前296在位）继位。惠施由宋返魏，图谋复相未遂，淡出魏国政坛，转向名家之学。

五国相王后约三年（前320），魏牟出生。《庄子·让王》"魏

---

[1] 按照"普天之下，莫非王土"之定义，天下不可有二王。战国诸侯于东周未灭之时称王，均属僭号，"相王"即相互承认称王，属于僭号诸侯的自我合法化。
[2] 中山先王魏䁒之名，见于1978年河北省平山县中山王墓出土的中山王鼎、壶铭文。壶铭称曾祖父魏文侯、伯祖父魏武侯为"皇祖文、武"，称祖父魏挚为"桓祖"，称父亲为"成考"。

牟，万乘之公子也"，"千乘"谓侯，"万乘"谓王。魏牟为魏文侯四世孙，魏挚重孙，中山先王魏䜌之子，中山嗣王魏𫍲䜌之异母弟，中山后王魏尚之叔。[1]

五国相王后约十八年（前305），名家创始人、前魏相惠施（前380—前300）提出"历物"学说，引致天下辩者齐集魏都大梁。年轻的赵人公孙龙（前325—前250），与韩人桓团联手击败惠施，成为新一代名家巨子。惠施再次返归母邦宋国，再次与庄子盘桓，五年后死于宋，葬于宋。[2]

年轻的中山王子魏牟，流连宗主国首都大梁，恭逢名辩盛会，遂成公孙龙信徒。《列子·仲尼》著录了魏牟与乐正子舆关于公孙龙辩题的论辩——

　　中山公子牟者，魏国之贤公子也。好与贤人游，不恤国事，而悦赵人公孙龙。乐正子舆之徒笑之。

　　公子牟曰："子何笑牟之悦公孙龙也？"

　　子舆曰："公孙龙之为人也，行无师，学无友，佞给而

---

[1] 中山嗣王魏𫍲䜌（前309—前301在位）之名，见于魏属中山王墓圆壶铭文。中山后王魏尚（前300—前296在位）之名，见于《史记·赵世家》："赵武灵王以惠文王三年灭中山，迁其君尚于肤施。"又见于《墨子·所染》："中山尚染于魏义、偃长……所染不当，故国家残亡，身为刑戮，宗庙破灭，绝无后类，君臣离散，民人流亡。"（《吕览·当染》略同。）《吕览》高诱注："尚，魏公子牟之后，魏得中山以邑之也。"大误。

[2] 证见《庄子·徐无鬼》"庄子送葬，过惠子之墓"。庄子送亲友之葬，必在宋国，所过惠施之墓亦然。

不中,漫衍而无家,好怪而妄言,欲惑人之心,屈人之口,与韩檀等肆之。"

公子牟变容曰:"何子状公孙龙之过欤!请闻其实。"

子舆曰:"吾笑龙之诒孔穿言:'善射者,能令后镞中前括,发发相及,矢矢相属,前矢造准而无绝落,后矢之括犹衔弦,视之若一焉。'孔穿骇之。龙曰:'此未其妙者。逢蒙之弟子曰鸿超,怒其妻而怖之。引乌号之弓,綦卫之箭,射其目。矢来,注眸子而眶不睫,矢坠地而尘不扬。'是岂智者之言欤?"

公子牟曰:"智者之言,固非愚者之所晓。后镞中前括,钧后于前。矢注眸子而眶不睫,尽矢之势也。子何疑焉?"

乐正子舆曰:"子,龙之徒,焉得不饰其阙?吾又言其尤者。龙诳魏王曰:'有意不心。有指不至。有物不尽。有影不移。发引千钧。白马非马。孤犊未尝有母。'其负类反伦,不可胜言也。"

公子牟曰:"子不谕至言,而以为尤也。尤其在子矣!夫无意则心同。无指则皆至。尽物者常有。影不移者,说在改也。发引千钧,势至等也。白马非马,形名离也。孤犊未尝有母,(有母)非孤犊也。"

乐正子舆曰:"子以公孙龙于马(之鸣),皆条也?设令发于余窍,子亦将承之?"

公子牟默然良久,告退曰:"请待余日,更谒子论。"

《列子》虽是东晋张湛编纂的伪书，此条涉及的公孙辩题，魏牟辨析的精微卓绝，均非张湛所能伪撰，必为张湛采自先秦旧籍，或即采自当时未佚的《公子牟》四篇[1]。张湛敢把后于庄子的魏牟事迹编入伪《列子》，正是被《艺文志》"魏牟先庄子"误导。所以张湛注曰："公子牟，（魏）文侯子。"把魏牟的辈分提前三代，时间提前百年，成为与曾伯祖魏武侯（前395—前370在位）、曾祖父魏挚同辈的兄弟，遂与列子（前450—前375）同时。[2]

乐正子舆所言"（公孙龙）与韩檀等肆之"，"韩檀"即《庄子·惠施》（郭象裁剪残篇，拼接于《天下》末章）与"公孙龙"并提的"桓团"。这是此条非伪之一证。

魏牟辨析的公孙六题，"白马非马"赫然在目，"指不至""影不移""孤犊未尝有母"三题，均见《惠施》"辩者二十一事"。这是此条非伪之又证。兼证"辩者二十一事"，多属公孙龙辩题。[3]

魏牟"好与贤人游"，"而悦赵人公孙龙"，可证早年魏牟不

---

[1] 钱穆《先秦诸子系年》："此条陈义精卓，盖得之古籍，或即四篇之遗，非湛所能伪。"
[2] 张湛敢把后于庄子的公孙龙事迹编入伪《列子》，可能根据《史记·仲尼弟子列传》"公孙龙字子石，少孔子五十三岁"，把生于前325年的名家巨子公孙龙（字子秉），视为生于前498年的孔子弟子公孙龙（字子石），既"先庄子"，又"先列子"，提前百年的魏牟，遂可言及提前173年的公孙龙。
[3] 许多学者误将"辩者二十一事"视为惠施辩题。辩题属主既误，义旨自难了然。

仅崇信公孙龙,且与公孙龙交游。其时魏牟约十六岁,公孙龙约二十一岁。

二 亡国之后,改宗庄学

"不恤国事"的魏牟,与乐正子舆相约"请待余日,更谒子论",茫然不知"余日"无多,中山亡国在即。此前两年的前307年,赵武灵王为了伐灭中山即已实行"胡服骑射"。其时魏牟约十四岁。

赵武灵王必欲伐灭中山的原因是,赵襄子(前475—前425在位)于前475年伐灭古之代国,辟为代郡。由于赵国在南,代郡在北,中隔白狄中山,因此代郡无法并入赵国本土,只能成为赵国的北部飞地。中山属魏后,横亘于赵国本土与代郡之间,是赵、魏长期敌对的原因之一。这一心腹大患延续一百五十年,历经赵襄子、赵桓子、赵献侯、赵烈侯、赵敬侯、赵成侯、赵肃侯七世,直至以伐灭中山为毕生之志的赵武灵王(前325—前299在位)。

前296年赵武灵王伐灭中山[1]。其时魏牟约二十五岁。

《庄子·让王》著录了中山亡国之后,年轻的魏牟流落江湖,

---

[1] 赵武灵王为了亲自领兵伐灭中山,于前299年禅位其子赵何(惠文王),自号"主父",于赵惠文王三年(前296)伐灭中山。参看《史记·赵世家》。

一度难以忘怀庙堂,"身在江海之上,心居乎巍阙之下",于是问道楚人詹何——

> 中山公子牟谓詹子曰:"身在江海之上,心居乎巍阙之下,奈何?"
>
> 詹子曰:"重生!重生则轻利。"
>
> 中山公子牟曰:"虽知之,未能自胜也。"
>
> 詹子曰:"不能自胜,则从之。从之,神无恶乎?不能自胜而强不从者,此之谓重伤。重伤之人,无寿类矣。"
>
> 魏牟,万乘之公子也,其隐岩穴也,难为于布衣之士。虽未至乎道,可谓有其意矣。

《吕览·审为》《淮南子·道应训》全抄此条。东汉高诱注曰:"公子牟,魏公子也,作书四篇。魏伐中山,得之,以封公子牟,因曰中山公子牟也。"也被《艺文志》"魏牟先庄子"误导,把魏牟视为魏文侯之子,魏属中山开国之君。

楚人詹何(前350—前270),约小庄子(前369—前286)十九岁,约长庄子弟子蔺且(前340—前260)十岁,或为庄子弟子,或为杨朱(前395—前335)、子华子(前380—前320)弟子,是魏牟亡国之后鄙弃名家、改宗道家的接引人。[1]

---

[1] 杨朱、子华子、詹何生卒年,均采钱穆《先秦诸子系年》。詹何其人其事,参看《吕览》《韩非子》《淮南子》《列子》。

庄子于赵灭中山之后十年（前286）去世，因此魏牟之改宗，理论上有两种可能：一是庄殁之前师从庄子，成为庄子晚年弟子；二是庄殁之后师从詹何或蔺且，成为庄子再传弟子。由于魏牟小庄子四十九岁，亡国前崇信名家，亡国时极为年轻，亡国后一度心系庙堂、"未能自胜"，因此唯有后者方能合理解释所有魏牟史料和相关史料。

三　西会秦相，东晤赵相

魏牟中年改宗庄学，师从詹何或蔺且，于詹何殁后（前270）、蔺且殁后（前260）学有所成，晚年重新周游天下。秦、赵长平之战（前259—前258）、秦围邯郸（前257—前256）之际，魏牟西行入秦，受到秦相范雎（前267—前255任秦相，封应侯）礼敬。

前258年，秦将白起坑杀长平赵军降卒四十余万。由于范雎掣肘白起，秦军未能乘胜进围邯郸。前257年，秦围邯郸受困。秦昭王（前306—前251在位）听信范雎谗言，赐死白起，随即后悔，深怨范雎。前256年，魏信陵君、楚春申君等纷纷救赵，秦围邯郸失败，范雎所荐秦将郑安平率部降赵，按照秦律范雎应被治罪。秦昭王念其功大，暂时隐忍。范雎也自恃功大，恋栈不去。魏牟见微知著，辞别范雎东行，行前讽喻范雎急流勇退。范雎受教，表示"不忘于心"，翌年辞去相位，推荐燕人蔡泽自代,免除了后患(《史记·范雎蔡泽列传》)。

《战国策·赵策三》著录了魏牟离秦至赵,受到赵相平原君(前307—前252)礼敬。平原君得闻魏牟讽喻范雎之言,认为值得铭记在心,于是转告同母弟平阳君赵豹(前306—?)[1]——

> 平原君谓平阳君曰:"公子牟游于秦,且东,而辞应侯。应侯曰:'公子将行矣,独无以教之乎?'曰:'且微君之命命之也,臣固且有效于君。夫贵不与富期,而富至;富不与梁(粱)肉期,而梁(粱)肉至;梁(粱)肉不与骄奢期,而骄奢至;骄奢不与死亡期,而死亡至。累世以前,坐此者多矣。'应侯曰:'公子之所以教之者厚矣!'仆得闻此,不忘于心。愿君之亦勿忘也。"
>
> 平阳君曰:"敬诺。"
>
> (《说苑·敬慎》一条与此略同,误"应侯"为"穰侯"。)

魏牟讽喻范雎之言,深得道家精髓,毫无名家影子,足证魏牟改宗之后,业已学有所成。秦相、赵相无不礼敬,足证魏牟作为庄学传人业已名重天下。魏牟编纂的《庄子》初始本,稍后被秦相吕不韦之《吕览》、赵人荀况之《荀子》、荀况弟子

---

[1] 前310年赵武灵王娶吴娃,前309年生长子赵何(惠文王),前308年生长女(魏公子信陵君魏无忌夫人),前307年生次子赵胜(平原君),前306年生幼子赵豹(平阳君)。

韩非之《韩非子》大量抄引，足证魏牟周游天下弘扬庄学极为成功。

四 重逢公孙，极赞庄子

魏牟离秦至赵会晤平原君之时，与阔别四十年的平原君门客公孙龙重逢[1]。《庄子·秋水》著录了此次重逢。三十年河东，四十年河西，晚年魏牟不再是公孙龙信徒，早已改宗庄学。公孙龙也知道魏牟是名重天下的庄学传人，因此向魏牟请教自己难以理解的庄撰内七篇之奥义，于是魏牟极赞庄子，极斥公孙龙——

> 公孙龙问于魏牟曰："龙少学先王之道，长而明仁义之行；别同异，离坚白；然不然，可不可；困百家之知，穷众口之辩。吾自以为至达矣。今吾闻庄子之言，茫焉异之。不知论之不及欤？知之弗若欤？今吾无所开吾喙，敢问其方？"
> 公子牟隐几太息，仰天而笑曰："子独不闻夫坎井之蛙乎？谓东海之鳖曰：'吾乐欤！出跳乎井干之上，入休乎缺

---

[1] 魏牟离秦至赵前一年，前257年邯郸解围之后，平原君因功得到赵孝成王加封，由于门客公孙龙之讽谏而辞封。事见《史记·平原君虞卿列传》《战国策·赵策三》。因此魏牟至赵之时，公孙龙必为平原君之门客。

鳖之崖。赴水则接腋持颐，蹶泥则没足灭跗；还视虷蟹与蝌蚪，莫吾能若也。且夫专擅一壑之水，而跨跱坎井之乐，此亦至矣。夫子奚不时来入观乎？'东海之鳖左足未入，而右膝已絷矣。于是逡巡而却，告之曰：'夫海，万里之远不足以举其大，千仞之高不足以极其深。禹之时十年九潦，而水弗为加益；汤之时八年七旱，而崖不为加损。夫不为顷久推移，不以多少进退者，此亦东海之大乐也。'于是坎井之蛙闻之，适适然惊，规规然自失也。且夫知不知是非之境，而犹欲观于庄子之言，是犹使蚊负山，商蚷驰河也，必不胜任矣。且夫知不知论极妙之言，而自得一时之利者，是非坎井之蛙欤？且彼方跐黄泉而登太皇，无南无北，释然四解，沦于不测；无西无东，始于玄冥，返于大通。子乃规规然而求之以察，索之以辩，是直用管窥天，用锥指地也，不亦小乎？子往矣！且子独不闻夫寿陵余子之学步于邯郸欤？未得国能，又失其故步矣，直匍匐而归耳。今子不去，将忘子之故步，失子之业。"

公孙龙口呿而不能合，舌举而不能下，乃逸而走。

早年魏牟称誉公孙龙之言为"智者之言"，贬斥乐正子舆"固非愚者之所晓"。晚年魏牟极赞庄子之言为"极妙之言"，贬斥公孙龙为"坎井之蛙"。晚年魏牟对公孙龙的激烈批评，正是对其早年崇信公孙的自我反省。所以晚年魏牟所撰《庄子·惠施》批评公孙龙"能胜人之口，不能服人之心"，与当年乐正子舆批评公孙龙"惑人之心,屈人之口"如出一辙。

南朝梁刘勰《文心雕龙·诸子》:"公孙之'白马''孤犊',辞巧理拙,魏牟比之鸮鸟,非妄贬也。"对应的正是鄙弃公孙、改宗庄学的晚年魏牟。"魏牟比之鸮鸟",或亦采自当时未佚的《公子牟》四篇。

五　再次过赵,讽喻赵王

魏牟前256年离秦至赵,其后四年平原君卒,其后六年公孙龙卒,其后十一年赵孝成王卒(前265—前245在位),赵悼襄王(前244—前236在位)继位。

《战国策·赵策三》著录了赵悼襄王在位之时,魏牟再次过赵。赵悼襄王请教治国之道,魏牟讽喻其嬖信男宠建信君,必将误国——

建信君贵于赵。

公子魏牟过赵,赵王迎之,顾反至坐,前有尺帛,且令工以为冠。工见客来也,因避。

赵王曰:"公子乃驱后车幸以临寡人,愿闻所以为天下。"

魏牟曰:"王能重王之国若此尺帛,则王之国大治矣。"

赵王不悦,形于颜色曰:"先生不知寡人不肖,使奉社稷，岂敢轻国若此！"

魏牟曰："王无怒，请为王说之。"曰："王有此尺帛，何不令前郎中以为冠？"

王曰："郎中不知为冠。"

魏牟曰："为冠而败之，奚岢（亏）于王之国？而王必待工而后乃使之。今为天下之工，或非也。社稷为虚戾，先王不血食，而王不以予工，乃与幼艾！且王之先帝，驾犀首而骖马服，以与秦角逐，秦当时适其锋。今王憧憧，乃辇建信以与强秦角逐，臣恐秦折王之椅也！"

"郎中"即建信君。"犀首"是前323年（赵武灵王三年）主持"五国相王"的"合纵"创始人公孙衍之字[1]。"马服"是前269年（赵惠文王三十年）阏与之战大败秦军、斩首八万的赵奢所获封号。[2]

魏牟即景设喻，认为做帽子尚须专家，治理国家岂能不用专家，讽喻赵悼襄王嬖信建信君，不可能重现曾祖武灵王、祖父惠文王之国威，必将重蹈其父孝成王之长平大败、邯郸被围，难与"强秦角逐"，"恐秦折王之椅"。其言近似苏格拉底认为做

---

[1] 旧多误释"犀首"为官名，于史无证。公孙衍权倾诸侯，名重天下，时人称字不称名，一如称孔子为"仲尼"。《史记》《战国策》误以苏秦为"合纵"创始人，导致公孙衍其人，其字"犀首"，后世鲜有知者。
[2] 长平赵军，初以廉颇为将，秦军不胜。翌年赵孝成王弃廉颇，用赵括，导致长平大败。"纸上谈兵"的赵括，即赵奢之子，故称"马服子"。或以"马服"谓赵括，误移父号为子号。

鞋子尚需鞋匠，治理城邦岂能不用专家而盲从群氓。

赵悼襄王不听魏牟良言，仍然宠信建信君，又听信郭开谗言，弃用廉颇。而后改用李牧，大胜秦军。其子赵幽缪王（前235—前228在位）又听信郭开谗言，诛杀李牧（前229），为秦灭赵清除了最后障碍，翌年（前228）秦灭赵。其时魏牟已殁十二年，再次印证了魏牟见微知著的政治智慧。

魏牟在讽喻赵悼襄王之后不久去世，寿约八十岁（前320—前240）。[1]

结语　弘扬庄学，天下一人

《庄子》初始本编纂成书的时间上限，是前256年。《秋水》《盗跖》必在《庄子》初始本，而前者著录了魏牟面斥公孙龙，后者著录了秦灭周，二事均发生于此年。此年庄子已殁三十年，蔺且已殁四年，因此初始本的编纂者，既不可能是庄子，也不可能是蔺且。

《庄子》初始本编纂成书的时间下限，是前240年，即魏

---

[1] 钱穆《先秦诸子系年》谓"魏牟年寿当近八十"，甚是。唯将魏牟生卒定为前320年至前245年，则缺五年。前245年为赵孝成王卒年，魏牟卒年唯有定于前240年，方能讽喻赵悼襄王（前244—前236在位）。

牟殁年[1]。《吕览》《荀子》《韩非子》至少抄引《庄子》初始本二十篇七十二条（详见《庄子复原本》绪论二），而《吕览》成书于前239年，荀况卒于前238年，吕不韦卒于前235年，韩非卒于前233年，分别是魏牟殁后一年、二年、五年、七年。因此初始本的编纂者，只可能是庄子再传弟子魏牟。

综观魏牟生平，可以简括四点。

其一，魏牟出身庙堂，而后亡国丧家，具有诸子之中罕有其匹的高度政治智慧，因此极其服膺庄子对庙堂伪道的深入批判，魏撰《让王》继承庄撰《人间世》"天子之与己，皆天之所子"，提出了超越时代的"天子不得臣，诸侯不得友"。稍后于魏牟的韩非在《韩非子·外储说右上》隐名贬斥曰："不臣天子，不友诸侯，吾恐其乱法易教也，故以为首诛。"稍后于魏牟的荀况则在《荀子·非十二子》点名贬斥曰："纵情性，安恣睢，禽兽行，不足以合文通治；然而其持之有故，其言之成理，足以欺惑愚众，是它嚣（庄周）、魏牟也。"

其二，魏牟始崇公孙，而后改宗庄子，具有诸子之中罕有其匹的宏阔学术视野，因此对百家之学，尤其是其他诸子所知

---

[1] 高亨以《吕览·当务》抄引《胠箧》"田成子十二世有齐国"为据，认为《庄子》成书于前221年秦灭齐之后，又认为《胠箧》撰于前221年秦灭齐之后。更有学者以高亨之论为据，推论《庄子》成书于《吕览》之后，推论《庄子》抄引《吕览》。实则高亨之论，与《吕览》成书于前239年抵牾。吕不韦死于前235年，距秦灭齐尚有十四年。高亨之论和据之所作推论，均误。《胠箧》必撰于前264年（田齐第十二世齐王建即位年，庄殁22年）至前240年（魏牟卒年）之间。

甚少的名家之学极为精通，魏撰《天下》《惠施》《秋水》《则阳》诸篇，精微卓绝地辨析了老聃、关尹、孔子、墨子、列子、杨朱、子华子、宋钘、尹文、彭蒙之师、彭蒙、慎到、田骈、季真、接子、公孙衍、惠施、公孙龙等大量诸子，诸子重镇几无遗漏，但未涉及晚于魏牟的吕不韦、荀况、韩非等战国末年的重要诸子。

其三，魏牟周游天下，大力弘扬庄学，具有战国末期罕有其匹的广泛社会影响，因此秦相范雎请教进退，赵相平原君称述其言，公孙龙请教庄学，赵悼襄王请教治国。

其四，魏牟编纂《庄子》初始本，不仅编入庄撰"内篇七"，而且收入阐释内篇义理、著录诸多庄事的"外篇二十二"，对后人理解内篇义理，了解庄子生平，均有极大帮助。

庄子弟子蔺且是传承庄学第一人，庄子再传弟子魏牟是弘扬庄学第一人。

附录四　中山公子魏牟宗族关系表

	魏属中山七君	中山君与魏君关系	同辈魏君
开国之祖	中山文公（魏文侯魏斯） 中山铜器铭文：皇祖文（公）	即前406年伐灭白狄中山之魏文侯魏斯因其计入魏国君系，不计入中山君系	魏文侯魏斯（前445—前396）50
初封之君（前405—前403）3	中山武公（魏武侯魏击） 中山铜器铭文：皇祖武（公）	即魏武侯魏击，曾经进驻中山三年因其计入魏国君系，不计入中山君系	魏武侯魏击（前395—前370）26
定封第1君（前402—前350）53	中山桓公魏挚 中山铜器铭文：桓祖、吾先祖桓王	魏属中山宗祖 魏文侯幼子、魏武侯弟	魏惠王魏罃（前369—前319）51
继位第2君（前349—前328）22	中山成公魏某 中山铜器铭文：成考、吾先考成王	魏挚之子，魏文侯孙、魏武侯侄、魏惠王堂弟	魏襄王魏嗣（前318—前296）23
继位第3君（前327—前310）18	中山先王魏䁐 史记：魏惠王聘为魏相之"中山君"（魏牟之父）	魏挚之孙，魏文侯重孙、魏武侯侄孙、魏惠王族侄、魏襄王同辈	魏昭王魏遫（前295—前277）19
继位第4君（前309—前301）9	中山嗣王魏姿盗（魏牟异母兄） [魏牟（前320—前240）]	魏挚重孙，魏文侯四世孙、魏武侯重侄孙、魏惠王族孙、魏襄王族侄	魏安釐王魏圉（前276—前243）34

续表

魏属中山七君		中山君与魏君关系	同辈魏君
亡国第5君（前300—前296）5	中山后王魏尚（魏牟之侄）	魏挚玄孙，魏文侯五世孙	魏景湣王魏增（前242—前228）15
—	—	—	魏王假（降秦）（前227—前225）3

第四章

庄子学派与反庄派两千年博弈史

第四章　庄子学派与反庄派两千年博弈史

弁言　《庄子》是庄子学派总集

《庄子》并非庄子一人之书，而是庄子学派总集。

作为庄子学派总集的《庄子》，共有三大版本：战国晚期结集的魏牟版《庄子》初始本，西汉早期结集的刘安版《庄子》大全本，以及西晋出现、唐代钦定的郭象版《庄子》删改本。三大版本对不同时期的中国思想、中国文化、中国文学、中国艺术产生了巨大影响。

西晋出现、唐代钦定的郭象版《庄子》删改本，唐宋以后逆淘汰了郭象以前的《庄子》两大版本，成为传世的《庄子》唯一版本，成为郭象开创的旧庄学之依据。我治庄四十年，复原了郭象以前的两大版本，确认了郭象版《庄子》删改本是伪《庄子》，论证了郭象开创的旧庄学是反庄学的伪庄学，创立了以郭象以前的《庄子》两大版本为依据的新庄学。

新庄学与旧庄学的重大区别，就是旧庄学盲信郭象谬论"外杂篇均为庄撰"，新庄学根据大量史实确立了"内七篇均为庄撰，外杂篇无一庄撰"。按照旧庄学盲信的郭象谬论"外杂篇均为庄撰"，那么《庄子》就是庄子一人之书，也不存在庄子学派。按照新庄学确立的"内七篇均为庄撰，外杂篇无一庄撰"，那么《庄子》就不是庄子一人之书，而是庄子学派总集。本章在此基础上，梳理庄子学派的形成史，庄子学派总集《庄子》的流变史，以及庄子学派、反庄派的两千年博弈对中国思想、中国文化、中国文学、中国艺术的影响史。

一　战国庄子学派：庄周、蔺且、魏牟

战国大致可分为三大阶段，战国早期近百年，战国中期约百年，战国晚期约六十年。

庄子（前369—前286）处于战国中期，亲传弟子蔺且（前340—前260）和再传弟子魏牟（前320—前240）处于战国中晚期。庄子、蔺且、魏牟共同开创了战国庄子学派。

庄子亲传弟子蔺且是宋国人，五十五岁之时，齐湣王伐灭宋国（前286），此后蔺且成为宋国遗民，基本居于宋地，包括授徒魏牟之时。蔺且是庄子后半生的亲见亲闻者，也是庄子与惠施交友论辩的亲见亲闻者。《庄子》"外杂篇"所言庄子生平和庄惠之辩，幸赖蔺且实录而传于后世。蔺且秉承师教而"陆沉"大隐，仅见于《庄子》，时人不知，后人鲜闻，诸书不载，生平详见拙著《庄子传》。

庄子再传弟子魏牟是中山国人。二十五岁之时，赵武灵王伐灭中山（前296），此后魏牟成为中山国遗民，但未定居一国。先游楚国，师事楚人詹何。再游宋国，师事宋人蔺且，成为庄子再传弟子。后游秦国，教诲秦相范雎。又游赵国，教诲赵相

第四章 庄子学派与反庄派两千年博弈史

平原君赵胜，面斥平原君门客公孙龙，教诲赵悼襄王如何治国，等等。魏牟弘扬庄学而名扬天下，既见于《庄子》，又见于先秦古籍《荀子》《吕览》等，还见于汉后古籍《淮南子》《韩诗外传》《战国策》《七发》《说苑》《汉书》《列子》《文心雕龙》等，生平详见本书第三章和拙著《庄子传》。

魏牟自撰之书《公子牟》四篇，著录于《汉书·艺文志》，汉后久佚。魏牟编纂之书《庄子》初始本，是战国晚期结集的第一部庄子学派总集，共计二十九篇、六万余言。"内七篇"为庄子亲撰，一万三千言。"外篇二十二"为蔺且、魏牟等庄门弟子所撰，四万余言。庄门弟子蔺且、魏牟不仅都是战国诸子的重要一子，而且才华仅次于庄子，高于其他战国诸子。后人盲信郭象谬论《庄子》"外杂篇均为庄撰"，导致庄子的两大传人蔺且、魏牟沉入了历史忘川。

魏牟版《庄子》初始本成书以后，在战国晚期的极短时间之内迅速传播。拙著《庄子复原本》，根据战国晚期《吕览》《荀子》《韩非子》和西汉早期贾谊二赋、《韩诗外传》的大量抄引、大量化用，复原了魏牟版《庄子》初始本。

《庄子复原本》分别论列了战国庄子学派的宗师庄子及其两大传人蔺且、魏牟。

论列庄子继承老学而开宗立派：

> 道术传承大要：老、关、列、杨、庄（此略杨、庄之间的子华子）。

老聃道术"外王内圣",外向而注重群体。关尹道术"内圣外王",内转而注重个体。此即"老聃贵柔,关尹贵清"(《吕览·不二》)之老、关小异。

关尹弟子列子仍然"道术内转",更轻"外王",更重"内圣",于"内圣"又偏重"自逍己德"。此即"关尹贵清,子列子贵虚"(《吕览·不二》)之关、列小异。

老聃数传弟子杨朱,鉴于列子虚己而藏,导致道术隐微,方术猖獗,于是彰明老聃道术,突显"外王",稍减"内圣",于"内圣"又偏重"自葆己德",以矫列子之弊。此即"子列子贵虚,阳生贵己"(《吕览·不二》)之列、杨小异。

庄子鉴于杨学影响极大,虽有光大道术之功,小屈方术之力,但有矫枉过正之弊,自矜自得之嫌,遂承老聃道术之总体格局,又承关尹道术之内转义理,首重"内圣",不废"外王",于"内圣"则兼明"自葆己德,自逍己德",以矫杨朱之弊。此即"杨子为我"、"庄子无己"之杨、庄小异。庄义"自葆己德,自逍己德",即《齐物论》"葆光"二义,《养生主》谓之"善刀而藏之",《德充符》谓之"才全而德不形,内葆之而外不荡",《应帝王》谓之"尽其所受乎天,而无见得",均合老义"光而不耀"。

庄学三义"顺应天道,因循内德,因应外境",集古之道术大成。庄学宗旨"顺应天道",为古今道术共有之宗旨。庄学真谛"因循内德",为古今道术共有之"内圣"。庄学

第四章　庄子学派与反庄派两千年博弈史

俗谛"因应外境",为古今道术共有之"外王"。庄周道术,终古不废;传之大年,后世大幸。

论列蔺且、魏牟传承庄学而发扬光大:

庄学大鹏,以哲学义理、文学表述为其两翼。蔺且、魏牟各有所偏。蔺且哲学悟性较强,文学悟性较弱。魏牟文学悟性较强,哲学悟性较弱。

蔺且哲学悟性较强,因而蔺撰五篇大量抉发内七篇奥义。

迫于悖道外境之险恶,庄撰内七篇不得不支离其言、晦藏其旨,虽然表述极其成功,以至古今庄学之友无须借助蔺撰五篇,仍能大致领悟内七篇义理,然而一旦遇到反诘,比如郭象反注及其追随者之妄注,那么内七篇义理究竟为何就会陷入悬疑,变成公说公有理、婆说婆有理的扯皮。蔺撰五篇正是摆脱这一困境的最大强援,尽管蔺撰五篇对内七篇奥义的抉发,仍然不得不支离其言、晦藏其旨。

作为庄子亲传弟子(或为唯一弟子),蔺撰五篇在抉发内七篇奥义的过程中,大量著录其所亲历亲闻的庄子实事,共计九事:庄惠辩孔,庄论间世,庄过魏王,庄子悟道,庄子妻死,庄斥曹商,庄斥宋王,庄拒聘相,庄子将死。蔺撰五篇之著录庄事,虽然服从于抉发庄义而有所选择(其未著录于所撰之篇的诸多庄事,经其口述或另传而转录于魏撰十三篇和或撰四篇），仍然大致完整地记录了庄子生平，对庄学之友深入理解内七篇，具有无可替代的极大帮助。

蔺且作为庄子亲传弟子，无愧为传承庄学、阐释庄学第一人。蔺撰之篇文风含蓄，意旨隐晦，义理水准胜于魏牟；偶尔表述欠佳，设喻不当，文学水准逊于魏牟。

魏牟文学悟性较强，因而魏撰十三篇的文风可与内七篇乱真。诸多细证，详见各篇，此举其三。

一，内七篇有大量人格化动植物，说话动物5种、植物6种。蔺撰五篇极少人格化动植物，无一说话。魏撰之篇有大量人格化动植物，说话动物8种、植物3种。

二，《德充符》之鲁哀公改变自称，蔺且未窥此义，导致蔺撰《达生》之周威公自称不当，而魏撰《徐无鬼》之魏武侯自称得当。

三，魏牟具有撰写长篇寓言的能力，《秋水》第一章、《庚桑楚》、《盗跖》、《列御寇》，均为后世中国短篇小说的祖构。

魏牟哲学悟性较弱，对于内七篇奥义少有新的抉发，但是相当全面地理解了蔺撰五篇抉发的内七篇奥义，而且凭借其文学才华作出了生动演绎，使内七篇义理更为形象易解。仅有《秋水》失误一次，把庄学真谛"然不然"、庄学俗谛"不可乎不可"混淆为一，变文为"然不然，可不可"归于被其痛诋的公孙龙，成为后世混淆庄学二谛、不明庄学真谛之滥觞。

第四章　庄子学派与反庄派两千年博弈史

魏牟的学术视野，则比蔺且远为宽广，甚至比庄子也有过之。而其编纂《庄子》初始本的传播庄学之功，则无人能及。

二　战国反庄派：荀况、韩非

魏牟版《庄子》初始本作为庄子学派总集，战国晚期甫一问世，立刻风靡天下，也立刻出现了爱庄、反庄两派。爱庄派的代表是编纂《吕览》的秦相吕不韦及其门客，反庄派的代表是荀况、韩非师徒。

荀况（前313—前238）后于庄子、蔺且、魏牟，由于蔺且大隐而鲜为人知，魏牟大显而名扬天下，荀况除了在《荀子·解蔽》中攻击"庄子蔽于天而不知人"，又在《荀子·非十二子》中把庄周、魏牟列为头号攻击对象，其言曰：它嚣（庄周）、魏牟"纵情性，安恣睢，禽兽行，不足以合文通治"。

韩非（前280—前233）继承其师荀况，对庄子、魏牟更加深恶痛绝，在《韩非子·外储说右上》中杀气腾腾地隐名攻击庄子、魏牟，其言曰："不臣天子，不友诸侯，吾恐其乱法易教也，故以为首诛。""不臣天子，不友诸侯"出自魏牟版《庄子》初始本的外篇《让王》。

上列大量史实证明，南宋大儒朱熹所言"庄子当时，也无人宗之，他只在僻处自说"违背史实。

庄子生前，亲传弟子蔺且传承其学，开宗立派，影响巨大。宋相戴盈闻其大名，向庄子请教治国之道。楚威王闻其大名，欲聘庄子为楚相。魏相惠施闻其大名，害怕庄子夺其魏相。魏惠王闻其大名，恭敬召见庄子。这叫"当时无人宗之，只在僻处自说"？

庄子死后，再传弟子魏牟弘扬其学，编纂《庄子》，风靡天下。秦相范雎、赵相平原君、赵悼襄王、名家集大成者公孙龙闻其大名，无不礼敬魏牟。秦相吕不韦在秦国大抄魏牟版《庄子》而赞之，儒家集大成者荀况在赵国大抄魏牟版《庄子》而反之，法家集大成者韩非在韩国大抄魏牟版《庄子》而反之，把庄子、魏牟列为头号攻击对象和"首诛"对象。这叫"当时无人宗之，只在僻处自说"？

与庄子同时的大儒孟子，贵为食禄万钟的齐国稷下大老，但其弟子公孙丑、万章等人，仅见于《孟子》，不见于诸书，更未受到各国君相礼敬。《汉书·艺文志》著录的"《孟子》十一篇"，也是孟子学派总集，但是孟子弟子所撰"外篇四"《性善》《辩文》《说孝经》《为政》，质量远逊于孟子所撰"内篇七"，汉后全部亡佚。今存《孟子》传世本，仅存孟子亲撰的"内篇七"。

庄子弟子蔺且所撰五篇：《寓言》《山木》《达生》《至乐》《曹商》；再传弟子魏牟所撰十三篇：《秋水》《田子方》《知北游》《庚桑楚》《徐无鬼》《管仲》《则阳》《外物》《让王》《盗跖》《列御寇》《天下》《惠施》；以及姓名不详的庄门弟子所撰四篇：《宇泰

定》《胠箧》《天地》《天运》;全都不同程度地可与"内篇七"乱真,从而为郭象妄言"外杂篇均为庄撰"提供了方便。历代庄学家受到郭象误导,也反复妄言《寓言》是庄子亲撰的《庄子》自序,《天下》是庄子亲撰的《庄子》后序,《秋水》是"非庄叟不能为"的"天下第一妙文",等等。尽管是张冠李戴的谬见,但是足以证明庄子弟子蔺且、庄子再传弟子魏牟之杰出,远胜孟子和其他诸子百家的弟子、再传弟子。这叫"当时无人宗之,只在僻处自说"?

战国之时名动天下的诸子百家,又有几人受到各国君相争相礼敬?又有几人的著作风行到其他诸子百家大抄特抄?又有几人的弟子、再传弟子受到各国君相争相礼敬?

综上所言,庄子所撰"内篇七"是远远高于战国诸子的珠穆朗玛峰,庄门弟子所撰"外篇"是远远高于战国诸子的青藏高原。两者共同构成了中国文化的世界屋脊——庄子学派总集《庄子》。

老子之后、庄子之前的先秦道家,均属老子学派,全都没有发展出自己的独立学派,所以没有关尹学派、列子学派、杨朱学派、子华子学派。庄子之后的先秦道家,除了老子学派,还有庄子学派。所以老子是道家始祖,庄子是道家集大成者。所以西汉刘安称道家为"老庄之术",清代王夫之认为庄子学派"别为一宗"。

三　西汉庄子学派：枚乘、刘安、司马迁

历史进入西汉，庄子学派进一步发展，形成了西汉庄子学派。

西汉早期实行"黄老之治"，道家受到普遍尊崇。朝廷主要尊崇老子，士林主要尊崇庄子。汉武帝"罢黜百家，独尊儒术"，导致《汉书·艺文志》著录之书百不存一，所以西汉庄子学派的成员大都沉入了历史忘川，目前确知的仅有二人。

西汉初期的枚乘（约前210—前141），是目前确知的西汉庄子学派第一人。

汉文帝时，枚乘为吴王濞郎中。吴王濞密谋叛乱之时，枚乘以《上书谏吴王》劝阻。吴王濞不纳，枚乘即去。汉景帝即位，采纳晁错之策，发布"削藩令"。吴王濞遂与六国发动叛乱，枚乘又上书谏之。汉景帝平定七国之乱，召拜枚乘为弘农都尉，枚乘称病辞官。汉武帝即位，以安车蒲轮的最高规格征召枚乘。事详《汉书·枚乘传》。

枚乘是史家公认的汉赋第一名家，名篇《七发》是史家公认的第一汉赋，标志着汉赋的正式诞生。《文心雕龙》予以确认："枚乘摛艳，首制《七发》。"

《七发》是致敬庄子、魏牟之作。篇名之"七"，兼扣庄子所撰"内七篇"、魏牟所撰《秋水》北海若教诲河伯的七番问答。

文体仿拟《秋水》，变成吴客教诲楚太子的七番问答。

《七发》最后一番问答，吴客如此教诲楚太子：

> 将为太子奏方术之士有资略者，若庄周、魏牟、杨朱、墨翟、便蜎、詹何之伦，使之论天下之精微，理万物之是非；孔、左览观，孟子持筹而算之，万不失一。此亦天下要言妙道也，太子岂欲闻之乎？

枚乘列举先秦巨子，庄周列于第一，魏牟列于第二，超越所有诸子百家，居于杨朱、墨翟、便蜎、詹何之前，尊为"论天下之精微，理万物之是非"的"要言妙道"。孔孟、《左传》仅备"览观"。

枚乘甚至未言道家始祖老子，仅言影响最大的老子传人杨朱，以及楚国道家詹何。墨翟是墨家祖师，便蜎（环渊）是齐国稷下学宫的著名学士，均非道家。

先秦古籍极少言及詹何，因为詹何既非诸子中的重要人物，亦非道家中的重要人物，仅对庄子学派的魏牟一系才是重要人物。魏牟亡国以后游楚，曾受楚国道家詹何教诲，然后至宋师事庄子亲传弟子蔺且。枚乘把"魏牟"列于"庄周"之后，又言对魏牟进入庄门非常重要的"詹何"，证明枚乘的师承出于魏牟一系。枚乘生于魏牟卒后约三十年，中隔一代，当属魏牟再传弟子。

荀况《非十二子》把"它嚣（庄周）、魏牟"列于第一组予以贬斥,枚乘《七发》把"庄周、魏牟"列于第一组予以尊崇,从正反两面证明,战国晚期的荀况、韩非师徒,西汉早期的枚乘及其交游的唐勒、邹阳、司马相如等人,全都熟读魏牟版《庄子》初始本,全都明白魏牟是庄子学派的代表人物。

枚乘《上书谏吴王》,另有一段与《庄子》相关:"人性有畏其影而恶其迹者,却背而走,迹愈多,影愈疾,不如就阴而止,影灭迹绝。"类似之语,不见于魏牟版《庄子》初始本,却见于刘安版《庄子》大全本增入的杂篇《渔父》:"人有畏影恶迹而去之走者,举足愈数而迹愈多,走愈疾而影不离。自以为尚迟,疾走不休,绝力而死。不知处阴以休影,处静以息迹,愚亦甚矣。"

枚乘比刘安大三十一岁,所以撰写《上书谏吴王》之时,《渔父》尚未编入刘安版《庄子》大全本。《渔父》与魏牟所撰《盗跖》《庚桑楚》《列御寇》等篇,同为中国短篇小说的祖构,主题又同于《盗跖》,所以《渔父》撰者与枚乘一样出于魏牟一系。《渔父》撰者或为枚乘,或为枚乘师友,难以判定。究竟是先有《渔父》,然后《上书谏吴王》化用,还是先有《上书谏吴王》,然后《渔父》化用,同样难以判定。可以判定的仅是,枚乘自撰或其师友所撰的《渔父》,在撰成、流传若干年之后,被刘安收入了刘安版《庄子》大全本。

贾谊(前200—前168)、韩婴(前200—前130)同年出生,比枚乘(约前210—前141)约小十岁,比刘安大二十一岁,所以作品中均曾抄引、化用魏牟版《庄子》初始本,未曾抄引、化用刘安版《庄子》大全本的新增之篇。贾谊、韩婴均为儒家，不属西汉庄子学派。

淮南王刘安（前179—前122），是汉高祖刘邦幼子淮南王刘长之长子，是目前确知的西汉庄子学派第二人。刘安生年，枚乘约三十一岁。枚乘卒年，刘安约三十八岁。枚乘、刘安是同时代的前辈、晚辈，同属西汉庄子学派。二人有无师承虽不可考，但是刘安的众多门客中，必有枚乘一系的西汉庄子学派成员，否则《渔父》等篇就不可能进入刘安的视野。枚乘一系的刘安门客不仅协助刘安编纂了《庄子》大全本，而且协助刘安编纂了《淮南子》内外篇，又在《淮南子》内外篇中大量抄引刘安版《庄子》大全本。

刘安酷爱魏牟版《庄子》初始本，也喜爱西汉庄子学派枚乘及其师友的作品，认为《渔父》等篇也应收入庄子学派总集《庄子》，于是在其门客协助下，把魏牟版《庄子》初始本扩充编纂为刘安版《庄子》大全本：魏牟版的庄撰"内篇七"，原封不动，不增不减。魏牟版的"外篇二十二"，扩充为刘安版"外篇二十八"，补入"新外篇六"：《骈拇》《马蹄》《刻意》《缮性》《在宥》《天道》，撰者是战国晚期至西汉早期的庄子学派成员，包括刘安及其门客。新增魏牟版没有的"杂篇十四"：《说剑》《渔父》《泰初》《百里奚》《子张》《马捶》《阏弈》《游凫》《子胥》《意修》《卮言》《重言》《畏累虚》《亢桑子》，撰者是西汉早期的庄子学派成员，包括枚乘及其师友、刘安及其门客。新增魏牟版没有的"解说三"，撰者是刘安。刘安版《庄子》大全本，共计五十二篇、十余万言，比魏牟版《庄子》初始本多二十三篇、四万余言。刘安版《庄子》大全本，是西汉早期结集的第二部庄子学派总集。

《庄子》大全本的刘安所撰"解说三"《庄子略要》《庄子后解》《解说第三》，又被刘安收入了《淮南子》外篇（今佚），成为《庄子》大全本为刘安编纂的铁证。刘安所撰《淮南子·要略》曰："考验乎老庄之术，而以合得失之势。"这是汉语史上首言"老庄"。

魏牟版《庄子》初始本成书以后，战国晚期至西汉早期风靡天下，诸子大老爱之反之，天下文士读之抄之。庄子学派的弟子后学则仿之拟之，成为刘安扩充编纂《庄子》大全本的素材。刘安选取了二十三篇增入《庄子》大全本，弃选作品不知凡几。

刘安版《庄子》大全本成书以后，再次风靡天下，天下士人无不顶礼。刘安新增的《骈拇》《马蹄》《说剑》《渔父》等二十三篇，尽管风格大相径庭，水准参差不齐，后人褒贬不一，但其文辞之优美，想象之奇特，仍然超越其他先秦诸子和西汉无数名家，被刘安以后两千年的中国士人视为珍宝。其中的相对劣篇《说剑》等，后人盲信郭象谬见"外杂篇均为庄撰"而视为庄子亲撰，也不以为异，比如李白《侠客行》就是对《说剑》的生吞活剥，足证其极致品质仍然全面碾压古今一切汉语作品。所以庄子学派总集《庄子》两千年来渗透进入中国文化每一角落，既是受惠于庄子亲撰的"内七篇"，也是受惠于非庄所撰的"外杂篇"。

其他先秦诸子的个人著作，无人仿拟演绎，无人整理扩编，仅有魏牟版《庄子》初始本，先被士林仿拟演绎，后被刘安整理扩编，这是庄子学派从战国晚期至西汉早期不断发展壮大的自然结果。百余年间，庄子学派人才辈出，华夏英才齐集庄门。

西汉中期，汉武帝宣布"罢黜百家，独尊儒术"，这是影响两千多年的华夏历史重大改道。

直接影响之一，是汉武帝诬陷首言"老庄"、编纂《庄子》大全本的刘安谋反，使其被迫自杀，一举终结了西汉庄子学派。庄子学派进入了西汉中期至东汉灭亡的两百多年低谷期。

直接影响之二，是汉武帝时期的士人被迫弃道入儒。即使内心崇尚"黄老"或"老庄"，也不得不假装弃道入儒。

弃道入儒的第一案例，是与汉武帝同时的司马谈、司马迁父子。

西汉初期崇尚"黄老之道"，导致"文景之治"，所以司马谈所撰《论六家之要指》，对阴阳、儒、墨、名、法五家各有褒贬，独对道家有褒无贬，评价最高：

> 道家使人精神专一，动合无形，赡足万物。其为术也，因阴阳之大顺，采儒墨之善，撮名法之要，与时迁移，应物变化，立俗施事，无所不宜，指约而易操，事少而功多。

汉武帝"罢黜百家，独尊儒术"以后，司马迁不得不在《史记》中兼采道儒，假装弃道入儒。

司马谈（前169—前110）比刘安（前179—前122）小十岁，司马迁（前145—约前90）比刘安（前179—前122）小三十四岁。所以刘安编撰的《淮南子》内外篇和《庄子》大全本，是司马谈、司马迁父子的必读书。

刘安在汉语史上首言"老庄"，司马迁予以采纳，所以《史记·老子列传》附入《庄子列传》：

> 庄子者，蒙人也，名周。周尝为蒙漆园吏，与梁惠王、齐宣王同时。其学无所不窥，然其要本归于老子之言。故其著书十余万言，大抵率寓言也。作《渔父》《盗跖》《胠箧》，以诋訾孔子之徒，以明老子之术。《畏累虚》《亢桑子》之属，皆空语无事实。然善属书离辞，指事类情，用剽剥儒、墨，虽当世宿学不能自解免也。其言洸洋自恣以适己，故自王公大人不能器之。
>
> 楚威王闻庄周贤，使使厚币迎之，许以为相。庄周笑谓楚使者曰："千金，重利；卿相，尊位也。子独不见郊祭之牺牛乎？养食之数岁，衣以文绣，以入大庙。当是之时，虽欲为孤豚，岂可得乎？子亟去，无污我。我宁游戏污渎之中自快，无为有国者所羁，终身不仕，以快吾志焉。"

司马迁所举《庄子》五篇，《盗跖》《胠箧》二篇已见魏牟版《庄子》初始本，《渔父》《畏累虚》《亢桑子》三篇是刘安版《庄子》大全本新增之篇。司马迁所引庄子之言"游戏"，不见于魏牟版《庄子》初始本，当引自刘安版《庄子》大全本。司马迁所言《庄子》"十余万言"，不合于魏牟版《庄子》初始本，合于刘安版《庄子》大全本。证明司马谈、司马迁父子所读、所论《庄子》，不是魏牟版《庄子》初始本，而是刘安版《庄子》大全本。

后于司马迁的刘向（前77—前6）《别录》、刘歆（前50—23）《七略》曰："《庄子》五十二篇，宋之蒙人。"证明刘向、刘歆父子所读、所论《庄子》，也不是魏牟版《庄子》初始本，也是刘安版《庄子》大全本。

司马迁处于"罢黜百家，独尊儒术"的初始阶段，尽管认为庄子"诋訾孔子之徒，以明老子之术"，但不因此否定庄子，未加任何贬语，而是礼赞庄子"王公大人不能器之"，亦即表彰庄子的"不臣天子，不友诸侯"。

刘向处于"罢黜百家，独尊儒术"的强化阶段，所以刘向《别录·孙卿书录》抨击庄子曰："庄周滑稽乱法。"

司马迁的赞庄和刘向的贬庄，成为两千年来宗庄派、反庄派的先声。

四 东汉反庄派：扬雄、班固

王莽篡汉十五年（8—23）的短暂插曲之后，历史进入东汉（25—220），"罢黜百家，独尊儒术"继续强化，士人弃道入儒也在增加新例。

弃道入儒的新增案例之一,是严遵、扬雄师徒。

蜀人严遵(前87—约6),是西汉晚期的重要道家人物,兼治易老庄,著有《老子指归》。

蜀人扬雄(前53—18),处于两汉之际,早年是严遵弟子,熟读易老庄,又是痴迷《庄子》《楚辞》并予仿拟的辞赋家,撰有《反离骚》《广骚》。中年以后宣布"雕虫小技,壮夫不为",不再撰写辞赋。背叛师教,弃道入儒,仿拟文王《周易》而作《太玄》,仿拟周公《尔雅》而作《方言》,仿拟孔子语录《论语》而作《法言》。文拟三圣,自命新圣。但其晚年辞赋《太玄赋》《解嘲》,仍然深受《庄子》影响。

《法言·五百》评论庄子、杨朱:"庄、杨荡而不法。"这是承袭刘向之言:"庄周滑稽乱法。"

《法言·问道》又评论庄周、申、韩:

> 庄周、申、韩不乖寡圣人而渐诸篇,则颜氏之子、闵氏之孙其如台!或曰:庄周有取乎?曰:少欲。邹衍有取乎?曰:自持。至周罔君臣之义,衍无知于天地之间,虽邻不觌也。

扬雄认为庄周与申不害、韩非之流相同,假如不乖谬于圣人孔子,那么列于"孔门十哲"第一、第二的颜回、闵子骞,也将难以望其项背。可惜庄子乖谬于圣人孔子,所以即使住在隔壁，扬雄也不看一眼。

扬雄鄙视颜、闵才正而不高，鄙视庄、韩才高而不正，自居才高且正，自命孔子以后第一才子。桓谭《新论》记载，东汉士人也把扬雄视为孔子再世。

弃道入儒的新增案例之二，是班嗣、班固伯侄。

班嗣是班彪之兄，班固是班彪之子、班嗣之侄。班固《汉书》记载，桓谭（前23—56）曾向班嗣借阅《庄子》：

> 嗣虽修儒学，然贵老、严（庄）之术。桓生欲借其书，嗣报曰："若夫严（庄）子者，绝圣弃智，修生保真，清虚澹泊，归之自然，独师友造化而不为世俗所役者也。渔钓于一壑，则万物不奸其志；栖迟于一丘，则天下不易其乐。不絓圣人之罔，不嗅骄君之饵，荡然肆志，谈者不得而名焉，故可贵也。今吾子已贯仁谊之羁绊，系名声之缰锁，伏周、孔之轨躅，驰颜、闵之极挚，既系挛于世教矣，何用大道为自炫耀？昔有学步于邯郸者，曾未得其仿佛，又复失其故步，遂匍匐而归耳！恐似此类，故不进。"

班嗣的言谈，证明其非儒家，而是道家，又是道家中的宗庄派。班固谓其"修儒学"，仅是饰辞，因为班固已经弃道入儒。

班嗣嘲笑桓谭的儒家立场，不肯把《庄子》借给桓谭。班嗣与桓谭的对话，与庄子所撰《大宗师》许由与意而子的对话，蔺且所撰《达生》子扁庆子与孙休的对话，如出一辙。班嗣又化用了魏牟所撰《秋水》的邯郸学步典故,可见庄学素养深厚。

桓谭没向班嗣借到《庄子》,并不死心,后来想方设法读到了《庄子》,证见其书《新论》。

《新论·本造》评论庄子:"庄周等虽虚诞,故当采其善,何云尽弃耶?"桓谭虽是儒家,却为庄子辩护,隐驳"罢黜百家,独尊儒术"的朝廷政策和刘向、扬雄、班固的反庄立场。

《新论·祛蔽》又引用了"庄周病剧"一事:"庄周病剧,弟子对泣之。应曰:'我今死,则谁先?更百年生,则谁后?必不得免,何贪于须臾?'"此事不见于魏牟版《庄子》初始本,是郭象所删刘安版《庄子》大全本十九篇之文。再次证明刘安以后的两汉士人,从司马谈、司马迁父子到刘向、刘歆父子,从严遵、扬雄师徒到班嗣、班固伯侄,再到桓谭等一切士人,所读、所论均非魏牟版《庄子》初始本,均为刘安版《庄子》大全本。

班固既反伯父班嗣的道家立场,更反伯父班嗣的宗庄立场,于是在《汉书·古今人表》中,把《庄子》的虚构寓言人物"王倪""巢父""许由""子州支父"列于第二等"上中",把《庄子》的虚构寓言人物"啮缺""石户之农""北人无择""卞随""务光"列于第三等"上下",留下了作为史家的莫大笑柄;又把庄子学派的两大代表人物"严周(庄周)""魏牟"贬入第六等"中下",表明了自己的反庄立场。班固意犹未尽,又撰写了《难庄论》(今佚),成为东晋王坦之撰写《废庄论》、唐代李磎撰写《广废庄论》的先声。

"罢黜百家,独尊儒术"的朝廷政策,导致了两汉士人的大规模弃道入儒。士人弃道入儒，开始是被动无奈的，甚至是假装的，如西汉中期的司马迁；逐渐变成积极主动的，常常发生在中年识时务以后，如西汉晚期的扬雄；最后变成自然而然的，常常发生于少年受教育时期，如东汉早期的班固。然而即便弃道入儒，刘安以后的士人仍然无人不读刘安版《庄子》大全本，正如刘安以前的士人无人不读魏牟版《庄子》初始本。

两汉四百余年，《庄子》受到枚乘、刘安、班嗣等宗庄派的追捧，受到刘向、扬雄、班固等反庄派的贬低，受到贾谊、韩婴、司马迁、桓谭等爱庄派的引述，影响越来越大。所以士人必须像桓谭那样想方设法借到《庄子》、读到《庄子》。因为不读《庄子》的士人，不可能读懂他人诗文中无所不在的《庄子》典故，怎能跻身士林？

五 魏晋庄子学派：嵇康、阮籍和竹林七贤

东汉灭亡，"罢黜百家，独尊儒术"破产。历史进入魏晋，道、儒孰为天下正道，成为士林"清谈"的第一命题。唐宋"儒释道三教合一"以后，宋儒抨击"清谈误国"的真义是：讨论道、儒孰为天下正道必将误国，确认儒术为天下正道才不误国。

魏晋士林"清谈"易老庄，导致庄子学派在两百多年低谷期之后重新发展，出现了魏晋庄子学派，史称"竹林七贤"。

"竹林七贤"的两大领袖公开宗庄，嵇康宣布"庄周吾之师

也",史载阮籍"以庄周为模则"。嵇康又在刘安首言"老庄"之后,首言"庄老"。"老庄"是刘安以后的道家代称,"庄老"是嵇康以后的宗庄标志。

嵇康、阮籍共同师事的隐士孙登,正是汉武帝"罢黜百家,独尊儒术"以后隐于江湖的宗庄派。庄子之后的一切隐逸者,都是"不臣天子,不友诸侯"的宗庄派。按照反庄急先锋韩非的主张,"不臣天子,不友诸侯"属于"首诛"之列。文景时期崇尚"黄老之道",宗庄派枚乘可以不隐。汉武帝"罢黜百家,独尊儒术",宗庄派刘安被迫自杀以后,宗庄派孙登不得不隐。东汉灭亡宣告"罢黜百家,独尊儒术"破产,宗庄派"竹林七贤"再次高调登场。

嵇康宣布"非汤武而薄周孔","越名教而任自然",挑战儒家"名教",崇尚道家"自然"。阮籍《达庄论》《大人先生传》《咏怀诗》,深入演绎庄学,但比嵇康低调。阮籍之侄阮咸,与猪同槽饮酒,像列子一样"食豕如食人",又像嵇康一样酷爱音乐,发明了乐器"阮咸"。刘伶借酒避祸,《酒德颂》是寓庄于谑的妙文。以上四人是"竹林七贤"的中坚。

山涛贪恋庙堂富贵,依附司马氏,还想把嵇康拉下水。嵇康发表《与山巨源绝交书》公开拒绝。王戎同样贪恋庙堂富贵,依附司马氏,被阮籍称为"俗物"。王戎家有好李,欲以牟利,又恐别人得其佳种而分其利,遂钻其核,然后出售。

嵇康高调宗庄,挑战儒家"名教",被司马氏罗织罪名公开诛杀,年仅四十岁(224—263)。同年阮籍悒郁而卒,年仅

第四章　庄子学派与反庄派两千年博弈史

五十四岁（210—263）。

向秀（227—272）比嵇康小三岁，比阮籍小十七岁，天人交战，依违两者之间。嵇、阮死后，他写了《思旧赋》以表怀念："悼嵇生之永辞兮……寄余命于寸阴。"又向故人告罪："将命适于远京兮，遂旋反而北徂。"请求嵇、阮原谅他被迫向司马氏屈服。屈服的主要举措，就是撰写《庄子注》歪曲庄学，违心表白与嵇、阮划清界限。但是书未写完，嵇、阮死后九年，他也悒郁而卒，年仅四十六岁。倘若预知其寿不永，向秀必定后悔歪曲庄学以求自保。

嵇康公开被诛和阮籍悒郁而卒，"竹林七贤"随之解体，魏晋庄子学派遭遇重创。

韩非宣布"不臣天子，不友诸侯，吾恐其乱法易教也，故以为首诛"之后，首言"老庄"的刘安被诬谋反而被迫自杀，此事隐秘不宣，所以刘安并非被"首诛"的宗庄派第一烈士。首言"庄老"的嵇康高调宗庄而公开被诛，此事轰动士林，所以嵇康成为被"首诛"的宗庄派第一烈士。

嵇康高调宗庄而公开被诛，导致了影响深远的五大结果：一是西晋郭象的注庄反庄，二是东晋陶渊明的低调宗庄，三是六朝山水诗派、山水画派的隐秘宗庄，四是唐宋以儒解庄派的注庄反庄，五是唐代李白、宋代苏轼的继续宗庄却被郭象误导。下文分别梳理。

六　西晋反庄派：旧庄学第一权威郭象

为了挽救"罢黜百家，独尊儒术"破产，魏晋儒生从两个角度入手。一是儒生何晏重注《论语》，这是正面抢救危房。二是儒生王弼、儒生郭象反注"易老庄"，这是侧面应对挑战。

王弼（226—249）比嵇康（224—263）小二岁，比向秀（227—272）大一岁，先完成《周易注》，提出"得意忘象"谬见，导致华夏易学误入歧途；再篡改《老子》完成《老子注》，针对嵇康、阮籍的"越名教而任自然"，提出"名教合于自然"。

王弼年仅二十四岁即死，未能完成《庄子注》。未竟之业留给了西晋儒生郭象。王弼死后三年，郭象（252—312）出生。王弼死后十四年，嵇康被诛，郭象十一岁。

郭象在认知和人生态度上与庄子大异其趣，不可能理解《庄子》真义，于是走了一条投机取巧的捷径，剽窃向秀《庄子注》。向秀卒年，郭象二十岁。

《世说新语·文学》如此记载郭象剽窃向秀案：

> 初，注《庄子》者数十家，莫能究其旨要。向秀于旧注外为解义，妙析奇致，大畅玄风，唯《秋水》《至乐》二篇未竟而秀卒。秀子幼，义遂零落，然犹有别本。郭象者，为人薄行，有俊才。见秀义不传于世，遂窃以为己注，乃

第四章 庄子学派与反庄派两千年博弈史

自注《秋水》《至乐》二篇,又易《马蹄》一篇,其余众篇或定点文句而已。后秀义别本出,故今有向、郭二《庄》,其义一也。

《晋书·郭象传》如此记载郭象剽窃向秀案:

郭象,字子玄,少有才理,好《老》《庄》,能清言。太尉王衍每云:"听象语,如悬河泻水,注而不竭。"州郡辟召,不就。常闲居,以文论自娱。后辟司徒掾,稍至黄门侍郎。东海王越引为太傅主簿,甚见亲委,遂任职当权,熏灼内外,由是素论去之。永嘉末病卒,著碑论十二篇。

先是,注《庄子》者数十家,莫能究其旨统。向秀于旧注外而为解义,妙演奇致,大畅玄风,唯《秋水》《至乐》二篇未竟而秀卒。秀子幼,其义零落,然颇有别本迁流。象为人行薄,以秀义不传于世,遂窃以为己注,乃自注《秋水》《至乐》二篇,又易《马蹄》一篇,其余众篇或点定文句而已。其后秀义别本出,故今有向、郭二《庄》,其义一也。

郭象以向秀《庄子注》为基础,对刘安版《庄子》大全本做了大量手脚,举其大端有七。

其一,郭象删除了刘安版《庄子》大全本的十九篇、四万余言。此即郭象《庄子注》跋语公开承认的"十分有三,略而不存"。

郭象所删十九篇、四万余言，包括三部分。第一部分是"外篇十四"之四篇，即《曹商》《管仲》《惠施》《宇泰定》。第二部分是"杂篇二十八"之十二篇，即《泰初》《百里奚》《子张》《马捶》《阅弈》《游凫》《子胥》《意修》《卮言》《重言》《畏累虚》《亢桑子》。第三部分是"解说三"之全部，即《庄子略要》《庄子后解》《解说第三》。

其二，郭象对其保留的二十六篇"外杂篇"，予以裁剪拼接。此即郭象《庄子注》跋语公开承认的"裁取其长"。

郭象裁剪拼接的"外杂篇"，可知者如下：郭象版外篇《天地》，是刘安版外篇《天地》、杂篇《泰初》之裁剪拼接。郭象版外篇《至乐》，是刘安版外篇《至乐》、杂篇《马捶》之裁剪拼接。郭象版外篇《田子方》，是刘安版外篇《田子方》、杂篇《百里奚》之裁剪拼接。郭象版杂篇《庚桑楚》，是刘安版外篇《庚桑楚》、外篇《宇泰定》之裁剪拼接。郭象版杂篇《徐无鬼》，是刘安版外篇《徐无鬼》、外篇《管仲》之裁剪拼接。郭象版杂篇《盗跖》，是刘安版外篇《盗跖》、杂篇《子张》之裁剪拼接。郭象版杂篇《列御寇》，是刘安版外篇《列御寇》、外篇《曹商》之裁剪拼接。郭象版杂篇《天下》，是刘安版外篇《天下》、外篇《惠施》之裁剪拼接。

其三，郭象又把刘安版《庄子》最为重要的九篇"外篇"，即《寓言》《庚桑楚》《徐无鬼》《则阳》《外物》《让王》《盗跖》《列御寇》《天下》，移至"杂篇"，以便降低其重要性，为其全面反注自造伪证。

其四，郭象又全面删除了郭象版《庄子》中庄门后学所撰"外杂篇"的庄后史实，为其谬论"外杂篇均为庄撰"自造伪证。

郭象删除了"外杂篇"中的"荆轲""田光""燕太子丹"，因为荆轲刺杀秦王嬴政，事在秦始皇二十年（前227），庄子已殁五十九年。郭象删除了"外杂篇"中的秦始皇"封于泰山，禅于梁父"，因为事在秦始皇二十八年（前219），庄子已殁六十七年。郭象删除了"外杂篇"中秦始皇坑杀的儒生"卢敖"，因为事在秦始皇三十五年（前212），庄子已殁七十四年。郭象删除了刘安撰写的"解说三"，因为刘安出生之时（前179），庄子已殁一百零七年。

"外杂篇"至少有十五条庄子死后的史实。其中十条又是蔺且死后的史实，证明《庄子》初始本并非蔺且编纂，而是魏牟编纂。其中八条又是魏牟死后的史实，证明《庄子》大全本并非魏牟编纂，而是刘安编纂。

其五，郭象又全面删除了郭象版《庄子》中不利其反注的原文，为其主张"庄子尊孔尊儒至极"制造伪证。郭象删除了《达生》中承蜩丈人贬斥孔子的"汝逢衣徒也"等24字，删除了《天运》中孔子赞扬老聃的"至于龙，吾不知也"等55字，以便否定司马迁所言《庄子》"诋訿孔子之徒，以明老子之术"。

其六，郭象又全面篡改了郭象版《庄子》中不利其反注的原文，为其反注《庄子》制造伪证。郭象把《庄子》原文"达人"改为"大人"，把《庄子》原文"至知"改为"大知"，为其谬解"庄子褒大知贬小知"制造伪证。郭象把《庄子》原文"自适"改为"自得",为其谬解"庄子主张自得反对自适"制造伪证。郭象把《庄子》原文贬斥"儒墨"改为贬斥"杨墨",把《庄子》原文贬斥"礼乐遍行,则天下乱矣",改为贬斥"礼乐偏行,则天下乱矣",为其谬解庄学不异儒学制造伪证。

其七,郭象又全面反注郭象版《庄子》的原义,使之成为不异儒学、尊孔尊儒的伪庄学,亦即官方儒学的传声筒和应声虫。

郭象十分清楚自己反注《庄子》必被士林发现,所以在《庄子注》序言中,借用《老子》之言"正言若反",为其反注《庄子》自我辩护。意为:庄子是老子之徒,根据《老子》教导"正言若反",撰写了《庄子》,所以《庄子》的字面之义,并非《庄子》真义;我根据《老子》教导"正言若反",反注《庄子》的字面之义,才是《庄子》真义。

郭象《庄子注》序言,把《庄子》定位于"不经而为百家之冠"。"百家之冠"是褒词,意为诸子百家之冠。"不经"是贬词,意为不合官方儒经。郭象《庄子注》的宗旨,就是把《庄子》之"不经",篡改反注到符合官方儒经。

尽管郭象删残篡改《庄子》的详情鲜有人知,但是郭象的弱智反注和低劣狡辩只能骗鬼,所以历代均有人批评郭象反注《庄子》。

北宋妙总禅师曰:"曾见郭象注《庄子》,识者曰:却是《庄子》注郭象。"(《五灯会元》卷二十)

南宋大儒朱熹曰:"自晋以来,解经者却改变得不同,如王弼、郭象辈是也。汉儒解经,依经演绎,晋人则不然,舍经而自作文。"(《朱子语类》卷六七)

现代大儒钱穆《魏晋玄学与南渡清谈》曰:"《逍遥游》明明分别鲲鹏、学鸠大小境界不同,但郭象偏要说鹏、鸠大小虽异,自得则一。庄子明明轻尧舜而誉许由,但郭象偏要说尧舜是而许由非。可见郭象注《庄》,明非庄子本义。"

可见郭象反注《庄子》并非鲜为人知,而是知者甚多。但是郭象在嵇康被诛之后反注《庄子》,符合"独尊儒术"的立场,宗庄派在嵇康被诛之后无法反击。

七　东晋庄学传人:宗庄派第一隐士陶渊明

魏晋嵇康高调宗庄被诛,西晋郭象删改反注《庄子》之后,东晋陶渊明(约365—427)被迫低调宗庄。

陶渊明对《庄子》有深入理解,而且"上士闻道,勤而行之",把庄学精髓融入了终生实践。

《拟古九首·其八》明确表达了毕生效法庄子:"路边两高坟,伯牙与庄周。此士难再得,吾行欲何求?"

《归园田居五首·其一》具体展开了如何实践庄学:"少无适俗韵,性本爱丘山。误落尘网中,一去三十年。羁鸟恋旧林,池鱼思故渊。开荒南野际,守拙归园田。方宅十余亩,草屋八九间。榆柳荫后檐，桃李罗堂前。暖暖远人村，依依墟里烟。狗吠深巷中，鸡鸣桑树颠。户庭无尘杂，虚室有余闲。久在樊笼里，复得返自然。"

《归去来兮辞》则是效法庄子、实践庄学的宣言："实迷途其未远，觉今是而昨非。"

《五柳先生传》曰："好读书，不求甚解。每有会意，便欣然忘食。"实为好读《庄子》之书，不告其真解；默而志之，毕生履践。

《饮酒二十首·其五》曰："结庐在人境，而无车马喧。问君何能尔？心远地自偏。采菊东篱下，悠然见南山。山气日夕佳，飞鸟相与还。此中有真意，欲辨已忘言。"这是鉴于嵇康高调宗庄而被诛，因此借用《庄子》的"忘言"名相，不再高调宗庄。

《饮酒二十首·其二十》曰："羲农去我久，举世少复真。汲汲鲁中叟，弥缝使其淳。"这是隐晦表达宗庄不宗孔的立场。

《桃花源记》是仿拟《庄子》寓言的第一名篇。"避秦"躲入"桃花源"，"不知有汉，无论魏晋"，隐喻直接跳过秦汉魏晋，上接战国庄子。"不足为外人道"，隐喻嵇康高调宗庄被诛之后，自己被迫低调宗庄。太守遣人问津，"遂迷不复得路"，隐喻后人将被反庄学的郭象伪庄学误导，难以明白《庄子》真义。

陶渊明不被反庄学的郭象伪庄学误导，原因之一是陶渊明的庄学悟性极高，原因之二是陶渊明不读郭象版《庄子》删改本，只读刘安版《庄子》大全本。

正因嵇康高调宗庄被诛，迫使陶渊明低调宗庄，所以陶渊明不再像嵇康那样公开宣称"庄周吾之师也",也不再像阮籍那样公开"以庄子为模则",而是隐晦表达为"伯牙与庄周,此士难再得"。陶渊明也不再像嵇康那样公开宣称"越名教而任自然",而是隐晦表达为"久在樊笼里,复得返自然"。所以陶渊明效法嵇康、阮籍之师孙登,成了宗庄派隐士。

两千年来的宗庄派隐士中,陶渊明成就最高,所以陶渊明是两千年来的宗庄派第一隐士。南朝齐钟嵘《诗品》推戴陶渊明为"古今隐逸诗人之宗",成为历代定评。后世隐逸诗人,无不宗庄慕陶。

陶渊明是"竹林七贤"之后的魏晋庄子学派殿军,陶渊明的诗文是魏晋庄子学派的最后杰作。然而正如郭象及其追随者必欲把庄子整容为尊孔尊儒者,郭象的后世追随者也必欲把陶渊明整容为尊孔尊儒者。

清儒沈德潜妄言曰:"晋人诗旷达者征引老庄,繁缛者征引班、扬,而陶公专用《论语》。汉人以下宋儒以前,可推圣门弟子者渊明也。"(《古诗源》卷九)

朱自清《陶诗的深度——评古直〈陶靖节诗笺定本〉》,根据古直的统计,证明陶诗征引《庄子》《列子》远远多于征引《论语》,有力驳斥了沈德潜的妄言。

徐复观《中国艺术精神》说:"在庄子以后的文学家,其思想、情调,能不沾溉于庄子的,可以说是少之又少;尤其是在属陶渊明这一系统的诗人中,更为明显。"尽管没有明驳沈德潜的妄言,但是肯定了"陶渊明这一系统的诗人"是宗庄派。

陶渊明是高调的庄子学派被迫转为低调的宗庄派的标志性人物。嵇康被诛之前，魏晋庄子学派可以与魏晋反庄派进行公开的思想争鸣和文字较量。嵇康被诛之后，魏晋庄子学派无法与魏晋反庄派进行公开的思想争鸣和文字较量，被迫转入"此中有真意，欲辨已忘言"的低调宗庄，以"不足为外人道"的宗庄实践做出实质反击。

与陶渊明同时代的东晋王坦之（330—375）撰写了《废庄论》，开篇即引三位反庄派先驱："荀卿称庄子'蔽于天而不知人'，扬雄亦曰'庄周放荡而不法'，何晏云'鷟庄躯，放玄虚，而不周乎时变'。三贤之言，远有当乎！"最后结论曰："天下之善人少，不善人多，庄子之利天下也少，害天下也多。""庄生作而风俗颓。"文中所举《庄子》之例，完全盲从郭象反注，连《庄子》字面之义也未懂，其陋不值一驳，所以陶渊明等六朝宗庄派士人无一予以公开反击。

八　六朝宗庄盛况：《世说》名士和《文选》群英

六朝士林与陶渊明一样，普遍不被郭象版伪《庄子》及其反注误导，因为郭象剽窃向秀并非秘密，郭象的人格又遭到普遍鄙视，亦即《晋书·郭象传》所言"任职当权，熏灼内外，由是素论去之"。北齐颜之推《颜氏家训·勉学》亦言："郭子玄以倾动专势，宁后身外己之风耶？"所以魏晋六朝士人普遍不读郭象版伪《庄子》,只读魏晋司马彪(?—306)、魏晋孟氏注释的刘安版《庄子》大全本。

魏晋六朝士人在日常清谈中,热烈谈论刘安版《庄子》大全本,见于南朝宋刘义庆(403—444)编纂的《世说新语》,证明《世说新语》的"魏晋风度",正是"不臣天子,不友诸侯"的庄学风度。

魏晋六朝士人在诗文著作中,大量化用刘安版《庄子》大全本,见于南朝梁昭明太子萧统(501—531)编纂的《昭明文选》,证明《庄子》仍是士林珍爱的第一秘籍。

唐代李善(630—689)又为《昭明文选》作注,其《文选注》成为唐宋元明清的士林第一参考书。研究此书成为一门独立学问,号称"选学"。新文化运动的口号"选学妖孽,桐城谬种",将其列为头号打倒对象。《文选注》大量引用司马彪注释的刘安版《庄子》大全本,详注魏晋六朝诗文中的庄学典故。这些诗文、注文,为我复原刘安版《庄子》大全本,提供了郭象所删十九篇的大量佚文和丰富史证。

《世说》名士和《文选》群英的宗庄盛况,详见二书,此处仅举三例。

其一,西晋夏侯湛(243—291)《庄周赞》曰:"迈迈庄周,腾世独游。遁时放言,齐物绝尤。垂钓一壑,取戒牺牛。望风寄心,托志清流。"

其二,南朝梁沈约(441—513)《宋书·谢灵运传》曰:"有晋中兴,玄风独振。为学穷于柱下,博物止乎七篇,驰骋文辞,义单（殚）乎此。"

其三，南朝梁刘勰（约465—？）《文心雕龙·时序》曰："诗必柱下之旨归，赋乃漆园之义疏。"

必须重点提出的，是《昭明文选》单独标举的特殊文体"七体"。"七体"由西汉枚乘《七发》首创，后世仿拟者不绝，名篇有东汉傅毅《七激》、东汉张衡《七辩》、东汉马融《七厉》、三国曹植《七启》、西晋张协《七命》等。一篇赋开创一种文体，两千年来仅此孤例。

上文已言，《七发》兼扣庄子所撰"内七篇"、魏牟所撰《秋水》七番问答，文体也是仿拟《秋水》七番问答，致敬对象则是"庄周、魏牟"，所以"七体"是"独尊儒术"以后士人隐秘宗庄的标准文体，正如"庄老"是嵇康被诛以后士人隐秘宗庄的联络暗号。东汉以后"七体"风行天下，导致不知隐情的反庄派也热衷于撰写"七体"，因为反庄派误以为"七体"源于《楚辞·七谏》，浑然不知掉进了宗庄派所挖的巨坑。

刘勰是两千年来首屈一指的文学批评巨匠，深知"七体"是"独尊儒术"以后士人隐秘宗庄的标准文体，所以《文心雕龙·杂文》曰："枚乘摘艳，首制《七发》；腴辞云构，夸丽风骇。"刘勰同样深知"庄老"是嵇康被诛以后士人隐秘宗庄的联络暗号，所以《文心雕龙·明诗》曰："宋初文咏，体有因革；庄老告退，而山水方滋。"

正因"庄老"是嵇康被诛以后士人隐秘宗庄的联络暗号，所以"庄老告退"的真义，实为"庄老转进"。

第四章 庄子学派与反庄派两千年博弈史

"山水方滋"包含两方面,一是谢灵运(385—433)、鲍照(416—466)、谢朓(464—499)为代表的六朝山水诗派,二是顾恺之(348—409)、宗炳(375—443)为代表的六朝山水画派。两者都是嵇康高调宗庄而被诛、陶渊明低调宗庄而全生之后,六朝宗庄派因应外境的特殊调整。

宗炳《画山水序》是六朝山水画派的宗庄宣言,也是唐宋以后一切山水画派的宗庄圣经,其言曰:"圣人含道映物,贤者澄怀味像。至于山水,质有而趣灵,是以轩辕、尧、孔、广成、大隗、许由、孤竹之流,必有崆峒、具茨、藐姑、箕、首、大蒙之游焉,又称仁智之乐焉。夫圣人以神法道,而贤者通;山水以形媚道,而仁者乐;不亦几乎?"用语全都出于《庄子》,证明六朝山水画派所画的并非普通山水,而是宗庄山水。宗炳唯恐读者不懂,在《明佛论》中又予挑明:"若老子、庄周之道,松、乔列真之术,信可以洗心养身。"(《弘明集》卷二)

北宋郭熙《林泉高致·画意》同样挑明了宗庄之旨:"庄子说画史解衣盘礴,此真得画家之法。"

中国画以妙品为最高。何为妙品?北宋黄休复《益州名画录》曰:"画之于人,各有本性,笔精墨妙,不知所然。若投刃于解牛,类运斤于斫鼻。自心付手,曲尽玄微,故目之曰妙格尔。"用语全都出于《庄子》。

徐复观《中国艺术精神》如此概括山水画的宗庄本质:庄学是艺术的根源,尤其是山水画的根源(撮引大意)。六朝以后的历代山水名画,如五代荆浩《匡庐图》、关仝《秋山晚翠图》、巨然《秋山图》、董源《潇湘图》、北宋范宽《溪山行旅图》、王希孟《千里江山图》、南宋马远《踏歌图》、元代黄公望《富春山居图》等，无不属于宗庄山水。

嵇康高调宗庄而被诛，陶渊明低调宗庄而全生，对于六朝宗庄派士人具有示范效应，所以六朝宗庄派士人大多低调宗庄甚至隐秘宗庄。六朝士人隐秘宗庄的方法之一，就是以山水诗、山水画寄托宗庄之意，所以六朝山水诗、六朝山水画成了"漆园之义疏，柱下之旨归"。

综上所论，山水诗是士人宗庄的隐秘表达，山水画是山水诗的视觉表达，士人园林是山水画的立体表达。明代张凤翼《乐志园记》如此概括士人园林的宗庄本质：高人韵士，原宜置一丘一壑间，而庙堂禁疏网阔，万物熙然，此真见道人也，谓为庄生逍遥之游，可矣。

六朝以后的士人山水诗、士人山水画、士人园林，以及一切中国艺术，都是"得意忘言"的宗庄表达，亦即陶渊明所言"此中有真意，欲辨已忘言"。所以"庄老告退"仅是六朝士林因应外境的历史表象，"庄老转进"才是六朝士林集体宗庄的历史真相。

九　唐代以儒解庄派：郭象两大护法成玄英、陆德明

两汉四百余年"罢黜百家，独尊儒术"而最终灭亡，导致

了魏晋六朝士林普遍转向道家和佛学。魏晋六朝士林普遍转向道家，群体之道则崇老，个体之道则宗庄，已如上言。魏晋六朝士林普遍转向佛学，见于杜牧名诗"南朝四百八十寺，多少楼台烟雨中"，无须赘言。

经过魏晋六朝四百年的道家复兴和佛学勃兴，唐代庙堂无法简单延续"罢黜百家，独尊儒术"，必须重建儒学意识形态，于是不得不改为"儒释道三教合一"，即把官方儒学的两大挑战者道家、佛学予以儒学化，消弭其间的重大差异和严重对立。唐代皇室由于姓李，遂与老聃李耳联宗，立道教为国教，册封老子为"太上老君"，钦定以儒解老的王弼版伪《老子》为《道德真经》，册封庄子为"南华真人"，钦定以儒解庄的郭象版伪《庄子》为《南华真经》，于是王弼成了以儒解老派的第一权威，郭象成了以儒解庄派的第一权威。

唐初以儒解庄派的两位大家，是御用道士成玄英（601—690）和御用文人陆德明（550—630）。成玄英被唐太宗封为"西华法师"，陆德明被唐太宗招为文学馆学士、国子博士，他们的奉命工作，是为郭象剽窃向秀、删改反注《庄子》洗地，为六朝士林普遍鄙视的郭象重塑形象。

成玄英所著《南华真经疏》，总体忠于郭象反注，局部略有补充修正。

其《南华真经疏序》曰："夫《庄子》者，所以申道德之深根，述重玄之妙旨，畅无为之恬淡，明独化之窅冥，钳揵九流，括囊百氏，谅区中之至教，实象外之微言者也。"这是承于郭象的"独化"谬说,违背庄子的"造化"论。又曰:"依子玄所注,辄为疏解。"成玄英把反庄学的郭象伪庄学,尊为庄学至高权威,于是严守"疏不破注"的官学传统,成为反庄学的郭象伪庄学之第一护法。

陆德明所著《经典释文·庄子》,总体忠于郭象反注,局部略有补充修正。多引司马彪全注本、崔譔选注本、向秀选注本、李颐选注本、元嘉选注本与郭象版不同的异文,为我复原刘安版《庄子》大全本,提供了郭象所存三十三篇的大量异文和丰富史证。

其《经典释文·序录》曰:"时人皆尚游说,庄生独高尚其事,优游自得。"这是承于郭象的"自得"谬说,违背庄子的"不自得"论。又曰:"庄生宏才命世,辞趣华深……后人增足,渐失其真。……唯子玄所注,特会庄生之旨,故为世所贵。"陆德明把反庄学的郭象伪庄学,洗地为"特会庄生之旨",洗白为"为世所贵",于是严守"疏不破注,释不破疏"的官学传统,成为反庄学的郭象伪庄学之第二护法。

唐代以后的以儒解庄派,识见不出郭、成、陆范围,都是以反庄学的伪庄学,阐释反《庄子》的伪《庄子》,此处不再详论。

老子之时有孔子,庄子之时有孟子,这是共时性的生态平衡和镜像对称。庄子、蔺且、魏牟开创了庄子学派,郭象、成玄英、陆德明开创了以儒解庄派,这是历时性的生态平衡和镜像对称。由于两千多年始终实行"罢黜百家,独尊儒术",唐宋以后"三教合一"的表象之下,仍是换汤不换药的"罢黜百家,独尊儒术",所以真庄学鲜为人知,成为隐于海面之下的冰山,伪庄学占据主流,成为浮出海面之上的冰山。李代桃僵,真隐伪显,并非人类历史的偶然现象,而是每个时代不同困境之下的某种常态。此即刘安版《庄子》大全本之杂篇《泰初》所言:"至言不出,俗言胜也。"

唐宋以后,刘安版《庄子》大全本亡佚。唐宋以后士人所读、所引、所论,都是郭象版伪《庄子》,常常浑然不知掉进了郭象版伪《庄子》及其反注所挖的巨坑,连陶渊明以后的两大庄学传人李白、苏轼也未幸免。

十 唐代庄学传人:宗庄派第一狂士李白

唐代李白(701—762),是陶渊明以后第一位影响巨大的庄学传人,也是两千年来的宗庄派第一狂士。

由于陶渊明的名气远逊于李白,所以历代都把李白视为庄学第一传人。比如明代杨慎《杨升庵外集》曰:"庄周、李白,神于文者也,非工于文者所及也。"明代顾璘《息园存稿》曰:"文至庄(周),诗至太白,草书至怀素,皆兵法所谓奇也。"明代方孝孺《李太白赞》曰:"惟昔战国,其豪庄周。公生虽后,其文可侔。"明末徐增《而庵说唐诗》曰:"吾尝谓作古诗长篇,须读《庄子》《史记》。子美歌行,纯学《史记》。太白歌行,纯学

《庄子》。"

李白并非儒生,而是道家,又是道家中的宗庄派。

《古风五十九首·其二十九》曰:"仲尼欲浮海,吾祖之流沙。"称老子为"吾祖",是公开宣布崇道不崇儒。

《庐山遥寄卢侍御虚舟》曰:"我本楚狂人,凤歌笑孔丘。"自比《庄子·人间世》中嘲笑孔子的楚狂接舆,比陶渊明隐讽"汲汲鲁中叟,弥缝使其淳"远为直白,是公开宣布宗庄不宗孔。

《梦游天姥吟留别》曰:"安能摧眉折腰事权贵,使我不得开心颜。"《忆旧游寄谯郡元参军》曰:"黄金白璧买歌笑,一醉累月轻王侯。"这是公开宣布传承庄子的"不臣天子,不友诸侯"。杜甫《饮中八仙歌》:"李白一斗诗百篇,长安市上酒家眠。天子呼来不上船,自称臣是酒中仙。"是其旁证。

除了自比楚狂接舆,李白又自比大鹏。

《大鹏赋》曰:"南华老仙,发天机于漆园。吐峥嵘之高论,开浩荡之奇言。征至怪于齐谐,谈北溟之有鱼。吾不知其几千里,其名曰鲲。化成大鹏,质凝胚浑……尔乃蹶厚地,揭太清。亘层霄,突重溟。激三千以崛起,向九万而迅征。背嶪太山之崔嵬,翼举长云之纵横。左回右旋,倏阴忽明。历汗漫以夭矫,羾阊阖之峥嵘。簸鸿蒙,扇雷霆。斗转而天动,山摇而海倾。怒无所搏,雄无所争。固可想象其势,仿佛其形……俄而希有鸟见谓之曰:伟哉鹏乎,此之乐也。吾右翼掩乎西极,左翼蔽乎东荒。跨蹑地络,周旋天纲。以恍惚为巢,以虚无为场。我呼尔

第四章　庄子学派与反庄派两千年博弈史

游，尔同我翔。于是乎大鹏许之，欣然相随。此二禽已登于寥廓，而尺鷃之辈，空见笑于藩篱。"

《上李邕》诗曰："大鹏一日同风起，扶摇直上九万里。"

《古风五十九首·其三十三》曰："北溟有巨鱼，身长数千里。仰喷三山雪，横吞百川水。凭陵随海运，燀赫因风起。吾观摩天飞，九万方未已。"

元代祝尧《古赋辨体》曰："太白盖以鹏自比……此显出《庄子》寓言，本自宏阔，太白又以豪气雄文发之，事与辞称。俊迈飘逸，去《骚》颇近。"前语大致不误，末句"去《骚》颇近"则是饰词，详下"宗庄宗骚"公案。

李白被郭象版伪《庄子》及其反注误导，误以为"庄子褒大知，贬小知"，误以为大鹏为庄子所褒，不知"大鹏"实为庄子所贬的大知，并非庄子所褒的至知。

根据学者研究，李白诗文有160余处化用了郭象版《庄子》，涉及郭象版《庄子》三十三篇的二十九篇，仅有《骈拇》《马蹄》《天道》《寓言》四篇未曾涉及。

《春夜宴从弟桃花园序》曰："阳春召我以烟景，大块假我以文章。""大块"出自《庄子·齐物论》"大块噫气"。

《大猎赋》曰："访广成于至道，问大隗之幽居，使罔象掇玄珠于赤水，天下不知其所如也。""广成子"出自《庄子·在宥》，"大隗"出自《庄子·徐无鬼》，"罔象""玄珠""赤水"出自《庄子·天地》。

《侠客行》："赵客缦胡缨……十步杀一人，千里不留行。"活剥《庄子·说剑》"缦胡之缨","十步一人,千里不留行"。

其他例子还有无数,全都不出郭象版伪《庄子》范围。李白诗文除了大量化用《庄子》原文,甚至化用郭象注文,是其深受郭象版伪《庄子》误导的实证。明代杨慎《庄子解》已言,李白《日出行》:"草不谢荣于春风,木不怨落于秋天。"化用《大宗师》郭象注:"暖焉若春,阳之自和,故泽荣者不谢;凄乎若秋,霜之自降,故凋落者不怨。"

《赠宣城宇文太守兼呈崔侍御》曰:"过此无一事,静谈《秋水》篇。"李白把魏牟所撰《秋水》视为《庄子》第一名篇,也是被郭象谬见"外杂篇均为庄撰"误导。

李白名句"白发三千丈,缘愁似个长"(《秋浦歌十七首·其十五》),"飞流直下三千尺,疑是银河落九天"(《望庐山瀑布二首·其二》),则是《逍遥游》"水击三千里"的缩微版。李白不敢用"三千里",只敢用"三千丈""三千尺"。因为李白仅是"谪仙",只敢自比《庄子》中的楚狂接舆和大鹏,不敢自比"南华老仙"庄子。

十一　宋代庄学传人:宗庄派第一全才苏轼

北宋苏轼(1037—1101),是陶渊明以后第二位影响巨大的庄学传人,也是两千年来的宗庄派第一全才。

李白被历代士林尊为"南华老仙"庄子之后的"谪仙",

第四章 庄子学派与反庄派两千年博弈史

苏轼被历代士林尊为"南华老仙"庄子之后的"坡仙",所以李白、苏轼是两千年来宗庄派才子中旗鼓相当的双雄。李白、苏轼究竟谁是陶渊明之后的最大庄学传人,宋代以后争讼千年。慕李派认为李白最得庄子真传,慕苏派认为苏轼最得庄子真传。

南宋林希逸《庄子口义发题》曰:"东坡一生文字,只从此悟入。"清人刘熙载《艺概》认为:"太白在《庄》《骚》间,东坡则出于《庄》者十之八九。"都是倾向于苏轼更得庄子真传。尤其是"其学无所不窥"方面,苏轼确实更得庄子真传,陶渊明、李白瞠乎其后。

苏辙《亡兄子瞻端明墓志铭》曰:"(苏轼)读《庄子》,喟然叹息曰:吾昔有见于中,口未能言,今见《庄子》,得吾心矣。"这是苏轼宗庄的明确宣言。

苏辙《子瞻和陶渊明诗集引》曰:"其诗比杜子美、李太白为有余,遂与渊明比。"这是苏轼慕陶不慕李的明确宣言。所以苏轼既是影响巨大的宗庄派,又是空前绝后的慕陶者。

苏轼《与苏辙书》曰:"吾于诗人无所甚好,独好渊明之诗。渊明作诗不多,然其诗质而实绮,癯而实腴。自曹(植)、刘(桢)、鲍(照)、谢(朓)、李(白)、杜(甫)诸人皆莫及也。吾前后和其诗凡百有九篇,至其得意,自谓不甚愧渊明。……然吾于渊明,岂独好其诗也哉?如其为人,实有感焉。……吾真有此病而不蚤自知,平生出仕,以犯世患,此所以深服渊明,欲以晚节师范其万一也。"(苏辙《子瞻和陶渊明诗集引》引)

苏轼《江城子》又曰："只渊明，是前生。"苏轼只敢自比渊明，不敢自比庄子，正如李白只敢自比楚狂接舆、大鹏，不敢自比庄子。

苏轼《和陶诗》四卷，共计109首，成为诗史上空前绝后的孤例。

苏辙受到苏轼影响，写了87首和陶诗。黄庭坚《将归叶先寄明复季常》曰："平生白眼人，今日折腰诺。可怜五斗米，夺我一溪乐。"《和外舅夙兴三首·其一》曰："无诗叹不还，千古一潜郎。"黄庭坚当然不是推戴陶渊明为"千古第一人"，而是推戴陶渊明为"宗庄第一人"。正如苏轼不服李白、杜甫，"独服渊明"，亦非推戴陶渊明为"千古第一人"，而是推戴陶渊明为"宗庄第一人"。苏、黄志趣相投，原因正是宗庄慕陶。

黄庭坚爱用典故，自言诗法"夺胎换骨"，尤其爱用《庄子》典故。黄庭坚把自己的诗集分为《内集》《外集》，正是仿效《庄子》内篇、外篇。根据学者统计，其诗化用《庄子》典故多达738处，一半出自内七篇。化用《老子》典故也有87处。南宋沈作喆《寓简》卷八云："黄鲁直离《庄子》《世说》一步不得。"

苏轼赞扬陶渊明之诗："如大匠运斤，无斧凿痕。"（《冷斋夜话》引苏轼语）黄庭坚《与王观复书三首·其二》，批评友人之诗："所寄诗多佳句，犹恨雕琢功多耳。……文章成就，更无斧凿痕，乃为佳作耳。"全都化用《庄子》的"雕琢复朴"美学思想。

第四章 庄子学派与反庄派两千年博弈史

苏轼临终遗言"慎无哭泣以怛化"（苏辙《亡兄子瞻端明墓志铭》），仍是化用《庄子》典故，无愧其为陶渊明之后的最大庄学传人。

苏轼又与李白一样，诗文除了大量化用《庄子》原文，还会化用郭象注文。明代杨慎《庄子解》指出，苏轼《秀州僧本莹静照堂》："君看厌事人，无事乃更悲。"化用《缮性》郭象注："寄去不乐者，寄来则荒矣。"所以苏轼也与李白同病，其不如陶渊明之处，就是同样受到郭象版伪《庄子》误导。

苏轼《庄子祠堂记》曰："庄子盖助孔子者，要不可以为法耳。"这是驳斥司马迁的正见"（庄周）诋訾孔子之徒，以明老子之术"。又曰："其正言盖无几。"这是赞成郭象的谬见《庄子》"正言若反"。

苏轼谬见"庄子盖助孔子者"，遭到了南宋汤汉《褚伯秀〈南华真经义海纂微〉序》的讥评："古诸子之书，若孟氏之正，蒙庄之奇，皆立言之极至。后世虽有作者，无以加之矣。而《庄子》尤难读。大聪明如东坡翁，自谓于《庄子》有得，今观其文，间有说《庄》者，往往犹未契本旨。"

其实"大聪明如东坡翁"，"庄子盖助孔子者"当然不是真心话，而是违心话和障眼法，目的是保护《庄子》免于遭到禁绝。苏轼熟读陶渊明的每句诗文，当然了解陶渊明的秘授心法"此中有真意，欲辨已忘言""不足为外人道"，无法挑战"独尊儒术"，只能"有见于中，口未能言"。

陶渊明、李白、苏东坡，是两千年来成就最高的宗庄派三杰。

六朝第一才子陶渊明，是两千年来的宗庄派第一隐士。唐代第一才子李白，是两千年来的宗庄派第一狂士。宋代第一才子苏轼，是两千年来的宗庄派第一全才。

陶渊明处于反庄学的郭象伪庄学之初始阶段，郭象版伪《庄子》尚未被钦定为官方标准版本，六朝士林均知郭象剽窃向秀，鄙薄郭象的人格而"素论去之"，况且六朝士人仍能读到刘安版《庄子》大全本，所以陶渊明不被反庄学的郭象伪庄学误导，是其所处时代优势所致。

李白、苏轼处于反庄学的郭象伪庄学之强化阶段，郭象版伪《庄子》已被钦定为官方标准版本，郭象剽窃向秀已经鲜为人知，郭象的形象也因官方力挺而反转，从"素论去之"变成了"为世所贵"，况且唐宋士人无法读到刘安版《庄子》大全本，所以李白、苏轼被反庄学的郭象伪庄学误导，是其所处时代劣势所致。

本章所论两千多年来宗庄派士人的人格风采和艺术成就，无不源于读庄而宗庄。魏晋宗庄派三子读庄而宗庄，因此孙登近于庄子，嵇康近于魏牟，阮籍近于蔺且。汉后宗庄派三杰读庄而宗庄，因此陶渊明近于蔺且，李白近于魏牟，苏轼近于庄子。

正因陶、李、苏的人格风采和艺术成就源于读庄而宗庄，所以评论陶、李、苏之言，均可移用于庄、蔺、魏，反之亦然。

苏轼《与苏辙书》评论陶渊明之言："渊明作诗不多，然其诗质而实绮，癯而实腴。"即可移用于蔺且。我评论蔺且之言：

"文风内敛含蓄，意旨支离隐晦。"也可移用于陶渊明。

杜甫《赠李白》评论李白之言："痛饮狂歌空度日，飞扬跋扈为谁雄。"即可移用于魏牟。我评论魏牟之言："文风张扬夸诞，意旨鲜明辛辣。"也可移用于李白。

司马迁《史记》评论庄子之言："其学无所不窥，善属书离辞，指事类情，洸洋自恣以适己。"即可移用于苏轼。我评论庄子之言："文哲合璧，汉语极品。"也可移用于苏轼，不过苏轼终究逊于庄子。

蔺且、陶渊明传承了庄子之哲思，文风质实深邃。魏牟、李白、苏轼传承了庄子之文采，文风轻灵飞扬。由于庄子之哲思深邃，庄子之文采飞扬，所以传承庄子之深邃哲思的蔺且、陶渊明均非仙才，传承庄子之飞扬文采的魏牟、李白、苏轼是庄后三大仙才。庄子、魏牟见于《庄子》，世人合称"南华老仙"。李白、苏轼源于《庄子》，世人分称"谪仙""坡仙"。合为华夏四大仙才。

李白第一名篇《大鹏赋》，源于魏牟第一名篇《秋水》，是两大仙才"飞扬跋扈"之实证。苏轼第一名篇《赤壁赋》，源于庄子第一名篇《逍遥游》，是两大仙才"无所不窥"之实证。由于《庄子》是文哲合璧的汉语极品，永远被仰望，从未被超越，所以《大鹏赋》距离《秋水》，《赤壁赋》距离《逍遥游》，尚有一箭之地。其他历代第一才子的第一名篇，比如两汉第一才子扬雄的第一名篇《太玄赋》，三国第一才子曹植的第一名篇《洛神赋》，与四大仙才的四大名篇不属同一量级。

刘熙载《艺概》评论庄子之言,也可通用于魏牟、李白、苏轼:"文之神妙,莫过于能飞,庄子之言鹏曰'怒而飞',今观其文,无端而来,无端而去,殆得'飞'之机者。"

宋代以后的元明清,还有无数宗庄派才子,如刘伯温、徐文长、袁宏道、张宗子、金圣叹、李笠翁、袁子才、曹雪芹等,人格风采和艺术成就均未超越两千年来的宗庄派三杰陶、李、苏,此处不再细论。

中国之谜的谜底,蕴含于如下谜面之中:两千年中的前一千年,是古典中国的兴盛期、上升期,也是魏牟版、刘安版真《庄子》的流传期、影响期。两千年中的后一千年,是古典中国的衰退期、下坠期,也是郭象版伪《庄子》的流传期、影响期。古典中国的两千年兴衰,与真伪《庄子》的两千年流变完全同步,决非偶然。

十二 第一才子公案:庄子是天下第一才子

两千多年的庄子学派影响史,另有两大公案,一是"第一才子"公案,二是"宗庄宗骚"公案。前一公案从无争议,后一公案素有争议,本章最后略予辨析。

"第一才子"公案,始于战国晚期魏牟所撰《庄子·天下》:

> 芴漠无形,变化无常。死欤生欤?天地并欤?神明往

欤？芒乎何之？芴乎何适？万物毕罗，莫足以归；古之道术
有在于是者，庄周闻其风而悦之。

以谬悠之说，荒唐之言，无端崖之辞，时恣纵而不
不以觭见之也。以天下为沉浊，不可与庄语。以卮言为曼衍，
以重言为真，以寓言为广。独与天地精神往来，而不敖倪
于万物。不谴是非，以与世俗处。

其书虽瓌玮，而连犿无伤也。其辞虽参差，而諔诡可观。
彼其充实不可以已，上与造物者游，而下与外死生、无终
始者为友。

其于本也，弘大而辟，深闳而肆；其于宗也，可谓调适
而上遂矣。虽然，其应于化而解于物也，其理不竭，其来
不蜕，芒乎昧乎，未之尽者。

战国魏牟《天下》认为，"庄周"是天下第一才子，其他先
秦诸子无人能比。

西汉枚乘《七发》认为，"庄周"是天下第一才子，"魏牟"
是天下第二才子。

西汉司马迁《史记》，称颂庄子"其学无所不窥，善属书离辞，
指事类情，其言洸洋自恣以适己"。历代公认从无异议，但把"洸
洋自恣"改为"汪洋恣肆"。此词独属庄子，不可移用于他人。

西晋郭象《庄子注》序言，褒贬庄子"不经而为百家之冠"。
贬语"不经"常被后人驳斥，褒语"百家之冠"历代公认从无
异议。唐代成玄英《南华真经疏序》，称颂庄子"钳揵九流，括

囊百氏"，义与郭同。南宋林希逸《庄子口义发题》亦言："郭子玄谓其'不经而为百家之冠'，此语甚公。"又曰："《大藏经》五百四十函，皆自此中抽绎出。左丘明、司马子长诸人，笔力未易敌此。"认为《左传》、《史记》笔力不敌《庄子》。

西晋郭象《庄子注》跋语，又称"庄子闳才命世，诚多英文伟词。"唐代陆德明《经典释文·序录》亦言"庄生宏才命世，辞趣华深"，义与郭同。

南朝梁简文帝萧纲注毕《庄子》，口吐妙论："立身之道，与文章异：立身先须谨重，文章且须放荡。"鲁迅推为文章之道的第一名言。《庄子》自是千古第一"放荡"之文。

北宋邵雍深研易老庄，其言曰："庄周雄辩，数千年一人而已。"

明代杨慎著有《庄子解》《庄子阙误》《庄子难字》，其言曰："《庄子》书恢谲佚宕于《六经》之外，殆鬼神于文者乎？"

明代归有光著有《庄子释意》《南华真经评注》，自言"读书万卷，得力于《南华》"。

清代徐笠山著有《庄子南华经注》，其言曰："内七篇有鹅鹳之锐阵，鱼丽之横阵，八门之方阵，五花之圆阵；泜水用寡，淮阴用奇。量沙以少为多，减灶以有若无。全部中，有春潮者，有渴蜺者，有呼枭者，有蛛垂丝者，有星移者，有飞花粘絮者。合处反多脱缝，断处转多牵缠。闪仄眩乱，不可思拟，亦非口说所能穷也。"

清代胡文英著有《庄子独见》，其言曰："庄子是全副才情，老子只有一副家伙。钩着他没有的家伙,他便不动手。管子、荀子是收拾圣人的旧家伙而改造之者,故尔也还用得,只是不醇不备。若遇庄子动手,自然在诸子之上。"

清代周拱辰著有《南华真经影史》,其言曰:"《南华》一书,仙之上真,禅之散圣;谈义诠玄,每踞最上。义天性海,渊微莫朕。正如百尺红珊瑚,非得龙伯国人,操铁网求之,便不知底里所在。"

清代宣颖著有《南华经解》,其言曰:"《庄子》之文,长于譬喻。其玄映空明,解脱变化,有水月镜花之妙。且喻后出喻,喻中设喻,不啻峡云层起,海市幻生,从来无人及得。古今格物君子,无过庄子。其俳色揣称,写景摘情,真有化工之巧。"

今人鲁迅评论庄子:"其文汪洋捭阖,仪态万方。晚周诸子之作,莫能先也。"前语承袭司马迁"洸洋自恣",后语承袭郭象"百家之冠"。

今人郭沫若评论庄子:"秦汉以来的每一部中国文学史,差不多大半是在庄子的影响之下发展的。"

今人顾颉刚评论庄子:"在战国时代里,《庄子》是最高的哲学表现。"

今人闻一多评论庄子:"中国人的文化上永远留着庄子的烙印。"

今人李泽厚评论庄子:"中国文人的外表是儒家,但内心永远是庄子。"

综上所举，古今名家巨子，公认庄子是"百家之冠"、"仙之上真"、"鬼神于文"、"全副才情"、"每踞最上"、"从来无人及得"、"古今格物君子，无过庄子"、"数千年一人而已"，亦即"天下第一才子"，先秦诸子百家无人能敌，汉后历代第一才子同样无人能敌。所以汉后历代所评、所争"第一才子"，或为"本朝第一才子"，或为"跨代第一才子"，亦即"庄后第一才子"，从未有人自居超过庄子，更未公认某人超过庄子。"本朝第一才子"，仅是一代文宗。"庄后第一才子"，则是跨代文宗。"天下第一才子"庄子，则是万世文宗。

清人金圣叹把《庄子》、《离骚》、《史记》、杜诗、《水浒》、《西厢》列为"天下六才子书"，《庄子》是"天下第一才子书"，《离骚》是"天下第二才子书"，从无异议。

由于庄子、屈原同时，均处战国中期，所以金圣叹把《庄子》列于《离骚》之前，并非按照时间先后，而是根据才学高低、影响大小。由于庄高于骚是历代公论，所以无论是宗庄派，还是反庄派，自古以来仅称"庄、骚"，不称"骚、庄"。

金圣叹被诛早夭，未能完成"天下第一才子书"《庄子》点评，但其点评《水浒传》《西厢记》《天下才子必读书》，经常提及《庄子》，认为庄子高于屈原。

金圣叹点评《水浒传》曰："夫以庄生之文，杂之《史记》，不似《史记》；以《史记》之文，杂之庄生，不似庄生者，庄生意思欲言圣人之道，《史记》摅其怨愤而已。其志不同，不相为谋，有固然者，毋足怪也。若复置其中之所论，而直取其文心，则惟庄生能作《史记》，惟子长能作《庄子》。吾恶乎知之？吾读《水浒》而知之矣。"又曰："若诚以吾读《水浒》之法读之，正可谓庄生之文精严，《史记》之文亦精严。"金圣叹认为，庄子能作《史记》，屈原不能作《史记》。

金圣叹点评《西厢记》曰："六部书，圣叹只是用一副手眼读得。如读《西厢记》，实是用读《庄子》《史记》手眼读得。便读《庄子》《史记》，亦只用读《西厢记》手眼读得。如信仆此语时，便可将《西厢记》与子弟作《庄子》《史记》读。"金圣叹认为庄子、司马迁能作《西厢记》，屈原不能作《西厢记》。

金圣叹点评《水浒传》，总论文章三境："心之所至，手亦至焉者，文章之圣境也。心之所不至，手亦至焉者，文章之神境也。心之所不至，手亦不至焉者，文章之化境也。"金圣叹认为，六大才子书均属化境，然而《庄子》第一，高于另外五大才子书。

历代士林评议"天下第一才子"，共有三义，分别是共时态，历时态，超越共时态、历时态。

共时态的"天下第一才子"，意为"本朝第一才子"。比如扬雄是两汉"天下第一才子"，曹植是三国"天下第一才子"，李白是唐代"天下第一才子"，苏轼是两宋"天下第一才子"。

历时态的"天下第一才子"，意为"庄后第一才子"。比如曹植出，夺去扬雄的"庄后第一才子"之名，成为跨代的"庄后第一才子"。李白出，夺去扬雄、曹植的"庄后第一才子"之名。苏轼出，夺去扬雄、曹植、李白的"庄后第一才子"之名，但有争议。

超越共时态、历时态的"天下第一才子",仅指庄子。历代公认,从无异议。

汉后论列文章宗师,分为庄、孟两宗:庄子是道家之文宗,孟子是儒家之文宗。汉后论列诗赋宗师,分为庄、骚两宗:庄子是道家之诗宗,屈原是儒家之诗宗。因为孟子能文不能诗,屈原能诗不能文,所以《庄子》是文哲合璧的汉语极品,庄子是万法归宗的文化宗师。仅因两千多年"罢黜百家,独尊儒术",所以士林不便把"诋訿孔子之徒,以明老子之术"的庄子尊为"天下第一圣人",只能把庄子尊为"天下第一才子"。

十三 宗庄宗骚公案:庄子是万世不易文宗

厘清了"第一才子"公案,即知"宗庄宗骚"公案属于伪命题。这一伪命题,始于"宗庄"全盛时期的南朝刘勰《文心雕龙》。

首先必须明白,刘勰是反庄派,证见《文心雕龙·论说》:"是以庄周《齐物》,以论为名;于是聃周当路,与尼父争途矣。"刘勰与郭象一样,反对"聃周当路,与尼父争途"。

《文心雕龙·物色》如此概括庄、骚以降的文苑沿革:"古来辞人,异代接武,莫不参伍以相变,因革以为功,物色尽而情有余者,晓会通也。"

刘勰认为中国文学有其正源,"异代接武","参伍相变",万变不离其宗,十分正确。按照两汉士林、魏晋士林的普遍宗庄,尤其是六朝士林的狂热宗庄,亦即沈约《宋书·谢灵运传》所言:"有晋中兴,玄风独振。为学穷于柱下,博物止乎七篇,驰骋文辞,义殚乎此。"尤其是刘勰《文心雕龙·时序》自言:"诗必柱下之旨归,赋乃漆园之义疏。"刘勰理应认为庄子是中国文学之正源,然而刘勰身为儒生,尽管明知魏晋六朝"聃周当路",仍然不愿承认庄子是中国文学的正源,必须坚持"独尊儒术"的立场,以其谬说加入"争途",于是《文心雕龙·通变》妄言曰:"楚之骚文,矩式周人;汉之赋颂,影写楚世;魏之篇制,顾慕汉风;晋之辞章,瞻望魏采。"

刘勰所言"楚之骚文"是中国文学之正源,既是违背事实的伪命题,又是自相矛盾的亏心语。由于《文心雕龙》是中国第一部文学批评巨著,因此刘勰妄言"楚之骚文"为中国文学之正源,开启了聚讼千年的"宗庄宗骚"公案。

历代儒生和历代反庄派追随刘勰开启的伪命题,继续违背事实地否认庄子是中国文学之正源,坚称屈原是中国文学之正源。历代宗庄派迫于"独尊儒术"的时代困境,只能像陶渊明一样"此中有真意,欲辨已忘言",只能像苏轼一样"有见于中,口未能言",无法反驳,只能绕着圈子打太极拳。

清代早期的金圣叹(1608—1661)是宗庄派,于是隐晦回应"宗庄宗骚"公案,把《庄子》列为"天下第一才子书",把《离骚》列为"天下第二才子书"。

清代中期的胡文英(1723—1790)也是宗庄派,所撰《庄子独见》曰:"庄子最是深情。人第知三闾之哀怨,而不知漆园之哀怨有甚于三闾也。盖三闾之哀怨在一国,而漆园之哀怨在天下。三闾之哀怨在一时,而漆园之哀怨在万世。"也是隐晦回应"宗庄宗骚"公案,认为庄子既是"天下第一才子",又是"万世不易文宗"。

清代晚期的刘熙载(1813—1881)不是宗庄派,所撰《艺概》曰:"诗以出于《骚》者为正,以出于《庄》者为变。少陵纯乎《骚》,太白在《庄》《骚》之间,东坡则出于《庄》者十之八九。"

刘熙载也是隐晦回应"宗庄宗骚"公案,选择坚持"独尊儒术"的立场,只愿承认庄子是"天下第一才子",不愿承认庄子是中国文学的正源和"万世不易文宗",于是追随刘勰而不惜自己打脸,妄言宗骚"为正",宗庄为"变"。且举三人为例,杜甫宗骚"为正",苏轼宗庄为"变",李白兼宗庄、骚。貌似持论公允,不偏不倚,似乎庄、骚打了个平手,其实是选择个别证据,无视普遍事实,遮蔽了两千多年士林普遍宗庄不宗骚的历史真相。

综上所言,屈原并非中国文学的正源和万世文宗,庄子才是中国文学的唯一正源和万世不易文宗。由于"天下第一才子"不涉及儒家道统,所以历代儒生和历代反庄派迫于事实,不得不承认庄子是"天下第一才子",顶多像郭象那样在"百家之冠"前加个贬词"不经"。然而"万世不易文宗"涉及儒家道统,面对"诋訿孔子之徒,以明老子之术"的庄子,历代儒生无视普遍事实,把"独尊儒术"的立场硬挺到底,即使自相矛盾、自己打脸,也坚决否认庄子是中国文学的唯一正源和"万世不易文宗"。正如历代儒生和历代反庄派为了"独尊儒术",不惜违背庄子宗老之事实而坚称庄子宗孔，不惜违背陶渊明宗庄之事实而坚称陶渊明宗孔，不惜违背枚乘《七发》所创"七体"实为宗庄而坚称宗骚。然而一切否认改变不了事实，庄子是无与争锋的"天下第一才子"和"万世不易文宗"。

若论庄、骚对两千多年中国文学艺术的影响力，不说庄占其九，骚占其一，至少庄占其七，骚占其三。或者套用谢灵运之言：庄子独得八斗，屈原得一斗，自古及今共用一斗。

结语　庄子学派主宰两千余年中国文学艺术

战国晚期庄子学派形成以后两千余年，中国文化之三大宗是道、儒、释。

战国时期，道、儒争鸣，道家完胜，所以汉初实行"黄老之治"，庙堂崇老黜孔，士林崇老宗庄。

西汉汉武帝实行"罢黜百家，独尊儒术"，两汉庙堂改为崇孔黜老，两汉士林仍然普遍宗庄。

东汉灭亡导致"罢黜百家，独尊儒术"破产，魏晋庙堂崇孔难以为继，魏晋士林趋于狂热宗庄。

魏晋王弼、郭象篡改反注"易老庄"，六朝庙堂崇孔勉强维持，六朝士林仍然普遍宗庄，部分士人转而崇佛。

唐初把王弼版伪《老子》、郭象版伪《庄子》钦定为《道德真经》《南华真经》，重建"儒释道三教合一"，真老学、真庄学消失，反老学的伪老学、反庄学的伪庄学成为主流，士林仍然普遍宗庄，但被郭象伪庄学误导。

先秦时代是中国文化的轴心时代，先秦思想是后轴心时代的思想基因。然而先秦时代的其他诸子百家，尤其是儒家经典，无不面对庙堂君子，只讲如何治民，如何治国，所以儒家经典被庙堂尊为政治"圣经"。只有庄子不为庙堂君子立言，仅对江湖民众传道。不言如何治民，如何治国，而是教导江湖民众如何避免成为政治牺牲品。同时广泛深入地精确描述了江湖民众的百工众技，如何顺道解牛，如何顺道养猴，如何顺道养虎，如何顺道牧马，如何顺道牧羊，如何顺道钓鱼，如何顺道斗鸡，如何顺道捕蝉，如何顺道相狗，如何顺道相马，如何顺道相人，如何顺道游泳，如何顺道驾船，如何顺道驾车，如何顺道种树，如何顺道种谷，如何顺道运斤，如何顺道斫轮，如何顺道捶钩，如何顺道铸钟，如何顺道调瑟，如何顺道奏乐，如何顺道赏乐，如何顺道画图，如何顺道射箭，如何顺道使剑，如何顺道读书。庄子虽未言尽天下众技，但是由于顺道技艺无不相通，各行各业可以举一反三，触类旁通，所以两千多年的顺道文化无不宗庄。

由于庄子其学无所不窥，《庄子》包罗万有，人神鬼怪，鸟兽虫鱼，无所不及；六合之内，六合之外，无所不至；至大无外，至小无内，无所不包；因此《庄子》开拓了两千多年来中国思想、中国文化、中国文学、中国艺术的全部疆野，框定了两千多年来中国思想、中国文化、中国文学、中国艺术的全部边界，开创了两千多年来中国思想、中国文化、中国文学、中国艺术的一切母题，开创了两千多年来中国思想、中国文化、中国文学、中国艺术的一切风格，所以两千多年来的中国思想、中国文化、中国文学、中国艺术无不宗庄。

两千年来的中国士人，有崇道而不读孔、佛者，有崇儒而不读老、佛者，有崇佛而不读老、孔者，但是没有不读《庄子》者；有不服陶渊明者，有不服李白者，有不服杜甫者，有不服苏东坡者，但是没有不服《庄子》者。因为士人熟读《庄子》，成为一流哲人、一流文人、一流诗人、一流画家即非难事。士人不读《庄子》，成为一流哲人、一流文人、一流诗人、一流画家即无可能。士人不读《庄子》，即为半文盲，无缘跻身士林，遑论成为文化巨人。

由于庄子是"天下第一才子"，"万世不易文宗"，《庄子》是贯通道、儒、释的唯一公约数，是两千多年来须臾不能离的文化基因、文化圣经，所以庄子学派极大地影响了两千多年来的中国思想、中国文化、中国文学、中国艺术，进而影响了日本思想、日本文化、日本文学、日本艺术。

近代以降，经由中国、日本两条传播路径，庄子学派又影响了近代欧美文化、近代欧美艺术。文艺复兴以降五百年的近代欧洲，首先受到出口欧洲的中国瓷器艺术、中国丝绸艺术的影响，摆脱了中世纪欧洲的哥特式风格，转入近代欧洲的巴洛克风格、洛可可风格，然后受到日本浮世绘的影响，摆脱了从达·芬奇到安格尔的古典派艺术，转入印象派艺术、后印象派艺术、表现派艺术、立体派艺术、抽象派艺术、超现实主义艺术等等。因此庄子学派的影响力，与近代中国融入世界同步，从中国走向世界，影响了全球文化、全球艺术。

随着近代中国打开国门融入世界，《庄子》受到了全球文豪与高士的膜拜。

英国作家王尔德说："这部完成于两千年前的中国书，对欧洲人来说，依然是早了两千年。如果你们真正了解庄子是个什么样的人，你们一定会吃惊得发抖！"

法国作家罗曼·罗兰说："庄子是历史上第一个自觉而深刻地揭示人与自然关系的美学家。"

奥地利作家卡夫卡说："我读不懂《老子》，但我至少读懂了《庄子》。"

德国戏剧家布莱希特说："这样的书，在我们这里再也写不出来了，因为缺乏这种智慧。"

阿根廷作家博尔赫斯说："魔幻文学祖师爷的头衔轮不到我，两千多年前梦蝶的庄周也许当之无愧。"

墨西哥诗人帕斯说："我最崇拜的散文家之一，是位中国人——庄子。我推荐所有人都读读庄子的书。"

日本物理学家汤川秀树说："我特别喜欢庄子，他的作品为我提示了一个充满幻想的广阔世界。"

拂去旧庄学的蒙尘，恢复真庄学的光彩，庄学必将成为未来中国新文化乃至未来人类新文化的至上瑰宝。